# AS CINCO LINGUAGENS DA VALORIZAÇÃO PESSOAL NO AMBIENTE DE TRABALHO

# GARY CHAPMAN
# &
# PAUL WHITE

## AS CINCO LINGUAGENS DA VALORIZAÇÃO PESSOAL NO AMBIENTE DE TRABALHO

Traduzido por EMIRSON JUSTINO

Copyright © 2011 por Gary Chapman e Paul White
Publicado originalmente por Northfield Publishing, Chicago, Illinois, EUA

Todos os direitos reservados e protegidos pela Lei 9.610, de 19/02/1998.
É expressamente proibida a reprodução total ou parcial deste livro, por quaisquer meios
(eletrônicos, mecânicos, fotográficos, gravação e outros), sem prévia autorização, por
escrito, da editora.

*Dados Internacionais de Catalogação na Publicação (CIP)*
*(Câmara Brasileira do Livro, SP, Brasil)*

Chapman, Gary

As cinco linguagens da valorização pessoal no ambiente de trabalho / Gary Chapman &
Paul White; traduzido por Emirson Justino — São Paulo: Mundo Cristão, 2012.

Título original: The Five Languages of Appreciation in the Workplace

1. Administração de pessoal   2. Motivação no trabalho   I. White, Paul   II. Título.

11–13479                                                      CDD — 658.314

*Índice para catálogo sistemático:*
1. Ambiente de trabalho: Motivação de pessoal: Administração de empresas
658.314 *Categoria*: Autoajuda

Publicado no Brasil com todos os direitos reservados por:
Editora Mundo Cristão
Rua Antônio Carlos Tacconi, 69, São Paulo, SP, Brasil, CEP 04810-020
Telefone: (11) 2127-4147
*Home page*: www.mundocristao.com.br

1ª edição: julho de 2012
7ª reimpressão (sistema digital): 2023

# Sumário

*Prefácio* 7
*Introdução* 11

**Parte 1: Fundamentos**

1 • O conceito de motivação através da
valorização pessoal 19
2 • Como líderes empresariais devem entender
o retorno do investimento em apreciação e
encorajamento 29

**Parte 2: As cinco linguagens da valorização pessoal**

3 • Palavras de afirmação 47
4 • Tempo de qualidade 63
5 • Atos de serviço 79
6 • Presentes 93
7 • Toque físico 105

**Parte 3: Aplicação dos conceitos à vida diária**

8 • Descubra sua principal linguagem da
valorização pessoal 121
9 • Sua menos significativa linguagem
da valorização pessoal: um possível ponto cego 131
10 • A diferença entre reconhecimento e
valorização pessoal 141

11 • A motivação através da valorização pessoal
e a diversidade de áreas de atuação — 151

12 • As características singulares do ambiente
de voluntariado — 169

### PARTE 4: SUPERAÇÃO DOS OBSTÁCULOS MAIS FREQUENTES

13 • A linguagem da valorização pessoal
de uma pessoa pode mudar? — 185

14 • Motivação através da valorização pessoal:
superando desafios — 203

15 • O que fazer quando você não valoriza
os membros de sua equipe — 221

Conclusão: agora é a sua vez — 235

*Kit de Ferramentas da Valorização Pessoal: recursos
para usar e compartilhar com outras pessoas* — 243

*Inventário de Motivação através da Valorização Pessoal* — 273

*Notas* — 279

*Bibliografia* — 283

# Prefácio

Quando escrevi *As cinco linguagens do amor*, não tinha ideia de que o livro venderia 6 milhões de exemplares em inglês e que seria traduzido para quarenta idiomas ao redor do mundo. Contudo, eu de fato sabia que o conceito das cinco linguagens do amor tinha potencial para melhorar enormemente as relações conjugais. Logo no início da minha carreira de conselheiro, descobri que aquilo que faz uma pessoa sentir-se amada não necessariamente faz que outra pessoa se sinta querida também. Descobri que muitos casais expressavam afeto com sinceridade, mas não se conectavam emocionalmente porque não falavam a principal linguagem de amor um do outro.

Todas as semanas em que promovo seminários por todos os Estados Unidos, casais vêm a mim e dizem: "Estávamos analisando a possibilidade de divórcio. Recebemos um exemplar de seu livro e isso literalmente salvou nosso casamento". A necessidade emocional de amor fundamenta a felicidade conjugal. Quando essa demanda não é satisfeita, o relacionamento do casal tende a esfriar. Em contrapartida, quando os cônjuges se sentem amados, seu relacionamento é positivo e influencia todas as demais áreas da vida.

Nos últimos quinze anos, muitas pessoas me contaram como haviam aplicado o conceito das *cinco linguagens do amor* em seus respectivos ambientes profissionais. Um supervisor me disse: "Não usamos a expressão linguagens do amor; falamos em linguagens da valorização pessoal. Mas é o mesmo conceito, e é algo muito poderoso. Isso melhorou em muito o clima de trabalho em nosso escritório. Nossos funcionários estão mais felizes e mais produtivos".

Muita gente me incentivou a escrever um livro sobre as linguagens da valorização pessoal e sobre o impacto que elas podem causar na satisfação dos funcionários, bem como no aumento da produtividade. Uma vez que minha experiência vem da área de aconselhamento conjugal e familiar, eu queria encontrar um coautor que tivesse não apenas credenciais acadêmicas, como também experiência profissional. Quando conheci o dr. Paul White, percebi que havia encontrado tal pessoa. Nos últimos anos, o dr. White se especializou em ajudar empresas familiares a transferir os negócios de maneira eficiente para a próxima geração. Nessa tarefa, ele se relacionou de modo bem próximo com diversos líderes em vários tipos de organização.

Recentemente, eu e o dr. White temos trabalhado juntos no *Projeto de motivação através da valorização pessoal*. Começamos criando o Inventário de Motivação através da Valorização Pessoal, uma ferramenta que ajuda os funcionários a descobrir qual é sua principal linguagem da valorização pessoal, sua linguagem secundária e a linguagem que lhes é menos significativa. Usando esse inventário, o dr. White conduziu projetos-piloto em vários ambientes empresariais. O retorno tem sido extremamente animador. Descobrimos que, de fato, o que faz que um funcionário se sinta valorizado não é a mesma coisa que faz que outro funcionário se sinta assim. Contudo, quando um supervisor ou um colega de trabalho aprende a falar a principal linguagem da valorização pessoal do outro indivíduo, os resultados são realmente significativos. Portanto, é com grande dose de entusiasmo que lançamos este livro, *As cinco linguagens da valorização pessoal no ambiente de trabalho*. É nosso desejo que o livro e o Inventário de Motivação através da Valorização Pessoal sejam usados para ajudar milhares de líderes empresariais a criar um ambiente de trabalho mais positivo e a melhorar a produtividade de seus funcionários por meio do aprendizado de sua principal linguagem da valorização pessoal.

Acreditamos sinceramente que aquilo que você está prestes a ler o capacitará a criar um clima empresarial no qual as pessoas se sintam profundamente apreciadas — pessoas que reagirão à apreciação com renovada lealdade e fortalecidas em seu compromisso com o sucesso da empresa.

DR. GARY CHAPMAN

# Introdução

Você se sente apreciado pelas pessoas com quem trabalha? Em caso afirmativo, então você provavelmente gosta de sair para trabalhar todos os dias. Contudo, se você não se sente apreciado, então seu trabalho pode ser simplesmente uma maneira de colocar comida sobre a mesa. Todos nós esperamos receber pagamento pelo trabalho que realizamos, a não ser que sejamos voluntários. A maioria dos funcionários remunerados gostaria de ter um salário maior. Mas o principal fator de satisfação no trabalho não é o total de proventos no fim do mês, e sim o fato de o indivíduo sentir-se ou não apreciado e valorizado pelo trabalho que realiza. De acordo com pesquisas realizadas pelo Ministério do Trabalho dos Estados Unidos, 64% dos norte-americanos que deixam o emprego dizem fazê-lo por não se sentirem valorizados.[1] Isso é verdade entre funcionários de todos os níveis, de presidentes a faxineiras. Alguma coisa no fundo da psique humana clama por apreciação. Quando essa necessidade não é atendida, a satisfação no trabalho diminui.

Veja a seguir os comentários de três funcionários que, apesar de trabalharem em ambientes muito distintos, compartilham o desejo de serem apreciados.

"Se tão somente eu notasse que eles valorizavam meu trabalho, eu não sairia de lá", disse Dave. Ele tinha 30 anos e era assistente do diretor financeiro de uma imobiliária especializada em imóveis comerciais. Havia trabalhado naquela empresa por cerca de quinze meses. No início, estava animado em relação à oportunidade de crescimento pessoal e profissional que o cargo lhe dava. Com o passar do tempo, porém, foi ficando cada vez mais desiludido.

> **O principal fator** de satisfação no trabalho não é o total de proventos no fim do mês, e sim o **fato de o indivíduo sentir-se ou não apreciado e valorizado pelo trabalho que realiza**.

Dave nos informou que havia pedido demissão de seu posto na contabilidade daquela instituição e que estava se mudando para outra empresa. "Não tem a ver com dinheiro. É que, não importa o que eu faça — por quanto tempo eu trabalhe ou qualquer coisa que realize —, nunca ouço nada positivo. Se cometo um erro, quase imediatamente alguém me fala alguma coisa. Contudo, se faço bem o meu trabalho, só existe silêncio."

**Numa reunião** que tivemos com a liderança de uma bem-sucedida empresa de manufatura, Cindy deu uma gargalhada:

— Isso nunca vai acontecer!

— O quê? — perguntou outro membro da diretoria.

Havíamos acabado de apresentar aos membros da direção o resultado de seu Inventário de Motivação através da Valorização Pessoal, e eles estavam lendo o relatório antes que discutíssemos os dados conjuntamente. Os resultados de Cindy mostravam que sua principal linguagem da valorização pessoal eram *atos de serviço*. Cindy é o tipo de pessoa que se sente encorajada quando seus colegas contribuem e a ajudam a concluir as tarefas, especialmente quando a carga de trabalho é excepcionalmente pesada.

A questão era que Cindy atuava como assistente executiva do presidente de um negócio familiar, o patriarca do clã. Ela trabalhava para ele havia mais de trinta anos, e o conhecia melhor que qualquer outra pessoa. Muito embora o sr. Stevens — que estava agora na casa dos 70 anos — trabalhasse apenas por meio período, ainda assim Cindy tinha muito trabalho a fazer: planejar suas longas viagens, gerenciar seus assuntos pessoais e mantê-lo informado sobre a situação de seus negócios.

No inventário, Cindy declarou que, se os colegas (ou o supervisor) quisessem mostrar-lhe apreciação, poderiam ajudá-la a realizar seu trabalho caso ela se sentisse sobrecarregada. Ela disse: "Se o sr. Stevens levantasse um dedo para me ajudar a fazer alguma coisa, eu cairia dura no chão, fulminada por um ataque cardíaco". Cindy estava brincando, mas havia certa seriedade em seu gracejo.

Assim como seus colegas, nós sabíamos que Cindy havia decidido "deixar o barco correr". Ela ganhava um bom dinheiro (pelo que consta, era uma das assistentes executivas mais bem pagas da comunidade) e estava perto de se aposentar. Muito embora fosse uma das funcionárias mais insatisfeitas e irritadas, ela provavelmente não pediria as contas tão cedo — para grande decepção de seus colegas.

**"Adoro trabalhar aqui!"**, exclamou Tammy. "Não consigo me imaginar trabalhando para outra pessoa que não seja para o dr. Jones", continuou ela, compartilhando seus pensamentos com um sorriso. "Agora, não me entenda mal. O dr. Jones é exigente. Ele espera que façamos bem nosso trabalho. Trabalhamos duro, atendemos diversos pacientes, e devemos fazê-lo com o maior nível de qualidade."

Ouvimos de outras fontes que o dr. Jones, um oftalmologista, trabalhava duro, de maneira eficiente, e que cuidava de seus pacientes de forma exemplar. Também ouvimos que havia pessoas aguardando na fila para trabalhar com o dr. Jones.

— Por que você gosta de trabalhar aqui? — eu (Paul) perguntei.

— Porque ele nos trata muito bem. Embora o trabalho seja intenso e corrido, o dr. Jones sempre está fazendo coisas para garantir que nos sintamos bem tratados.

Fiquei intrigado com o que ela disse sobre sentir-se bem tratada.

— É mesmo? Como assim? Como ele comunica esse cuidado por você e pelo restante da equipe?

— Bem, primeiramente, temos uma reunião semanal da equipe, na qual discutimos o que está acontecendo na clínica: o que está funcionando bem e as áreas que criam desafios para nós. E discutimos o que pode ser feito para que as coisas melhorem.

> "Ninguém conseguiria me levar para trabalhar em nenhum outro lugar, **não importa quanto pudesse me pagar**."

E ela continuou:

— Uma vez por mês, ele pede almoço para a equipe. Quando isso acontece, temos meia hora a mais para o almoço. Às vezes, nessas ocasiões, ele fala conosco sobre novas pesquisas ou técnicas aplicadas em nossa área de atuação. No Natal, ele nos dá um dia de folga para que possamos fazer compras, além de um vale-presente no valor de 100 dólares para usarmos no *shopping*. Mas o melhor de tudo é fato de o dr. Jones ser positivo e nos incentivar. É comum ele nos dizer que estamos fazendo um bom trabalho, seja individualmente, seja como equipe.

E, para concluir, ela disse:

— Ninguém conseguiria me levar para trabalhar em nenhum outro lugar, não importa quanto pudesse me pagar.

## AS CINCO LINGUAGENS DO AMOR VÃO PARA O TRABALHO

Temos aqui três exemplos reais do impacto de sentir-se apreciado ou desvalorizado no ambiente de trabalho. Esses sentimentos se repetem um atrás do outro, milhares de vezes, em diversas instituições. A realidade é que aquilo que faz que uma pessoa se sinta apreciada não necessariamente faz que outra pessoa se sinta assim. Desse modo, até mesmo em empresas nas quais o reconhecimento é considerado importante, esforços para expressar apreciação costumam ser ineficazes.

Como resultado do impacto significativo que as *cinco linguagens do amor* vêm tendo sobre milhões de relacionamentos pessoais e da importância crítica que uma eficiente comunicação de apreciação e incentivo têm no ambiente de trabalho, temos procurado aplicar esses conceitos em relacionamentos profissionais. Os objetivos deste livro são:

> A realidade é que **aquilo que faz que uma pessoa se sinta apreciada** não necessariamente faz que outra pessoa **se sinta assim**.

- Trazer informações sobre o conceito de linguagens da valorização pessoal, descrevendo de maneira prática o que são elas e que forma assumem na vida diária.

- Ajudá-lo a identificar sua principal linguagem da valorização pessoal, a secundária e a menos significativa (por meio do uso do Inventário de Motivação através da Valorização Pessoal).
- Ajudá-lo a entender como as linguagens da valorização pessoal podem ser usadas para melhorar os relacionamentos no ambiente de trabalho, em diversos contextos.
- Dar a você ferramentas e sugestões para aplicar em sua vida diária os princípios aqui descritos.

Vamos começar entendendo o conceito de valorização pessoal no ambiente de trabalho e sua importância para o desenvolvimento e para a manutenção de relacionamentos profissionais positivos.

# PARTE 1

## Fundamentos

# 1

## O conceito de motivação através da valorização pessoal

Eu (Gary) estava jantando com um amigo, funcionário remunerado de uma grande organização sem fins lucrativos. Compartilhei com ele que eu e o dr. White estávamos trabalhando no *Projeto de motivação através da valorização pessoal*. Quando terminei de apresentar uma breve explicação geral, eu lhe disse:

— Posso lhe fazer uma pergunta pessoal relacionada ao seu trabalho?

— Claro que sim — respondeu ele.

Então, continuei.

— Numa escala de 0 a 10, quão apreciado você se sente por seu supervisor imediato?

— Eu diria que 5.

Pude perceber um tom de desapontamento em sua voz quando ele disse "5". Então, fiz a segunda pergunta:

— Numa escala de 0 a 10, quão apreciado você se sente por seus colegas de trabalho?

— Por volta de 8.

— Quantas pessoas trabalham diretamente com você? — eu perguntei.

— Duas.

— Você se sente igualmente apreciado por essas duas pessoas?

— Não. Para uma delas, a nota seria mais ou menos 6, enquanto a da outra seria 9. Por isso respondi por volta de 8.

Pesquisas indicam que os funcionários valorizam duas vezes mais o reconhecimento vindo de gerentes e supervisores do que o recebido de colegas de trabalho.[1] Contudo, a maioria de nós concorda que a vida é muito mais agradável quando nos sentimos apreciados pelas pessoas com quem trabalhamos. Quer você seja dono de um negócio, presidente, supervisor, quer um subordinado, saiba que este livro foi planejado para ajudá-lo a comunicar apreciação de uma maneira que seja significativa para os indivíduos com quem você trabalha.

> Todos queremos ter certeza de que **aquilo que estamos fazendo é importante**.

Por que é tão importante sentir-se apreciado no ambiente profissional? Porque todos queremos ter certeza de que aquilo que estamos fazendo é importante. Quando não se percebem valorizados por supervisores e colegas, os trabalhadores começam a se sentir como uma máquina ou um bem da empresa. Se ninguém nota o compromisso de uma pessoa em fazer bem o seu trabalho, a motivação tende a diminuir com o passar do tempo. Stephen Covey, autor do livro *Os 7 hábitos das pessoas altamente eficazes*, dá tamanha importância à nossa necessidade de nos sentirmos apreciados que afirma: "Depois da sobrevivência física, a maior necessidade humana é a sobrevivência psicológica — ser compreendido, se afirmar, receber incentivo, ser amado".

Quando os relacionamentos *não são* nutridos por um senso de apreciação, os resultados são previsíveis:

- Os membros da equipe experimentam falta de conexão uns com os outros e com a missão da organização.
- Os trabalhadores apresentam tendência ao desânimo, pensando: "Sempre há mais coisas a executar e ninguém valoriza o que estou fazendo".
- É comum os funcionários começarem a reclamar sobre seu trabalho, seus colegas e seu supervisor.
- Por fim, os membros da equipe começam a pensar seriamente em sair da empresa e procurar outro emprego.

## POR QUE DIZER APENAS "OBRIGADO" NÃO FUNCIONA

Comunicar apreciação a funcionários e colegas parece algo bastante fácil e claro. Em muitos aspectos, de fato é assim. Contudo, nós também sabemos que, para que a comunicação da apreciação seja eficaz no encorajamento de outras pessoas, vários fatores devem ser considerados.

Em primeiro lugar, está o fato de os pesquisadores terem descoberto que tentativas de comunicar apreciação de forma generalizada dentro de uma organização não são muito eficientes. *Para que o reconhecimento e a apreciação sejam eficientes, eles devem ser individualizados e concedidos pessoalmente.* Tentar realizar na empresa uma campanha geral com o tema "Diga 'obrigado'" não provocará muito impacto. De fato, em nosso trabalho com empresas, descobrimos que na verdade esse tipo de abordagem pode ser um tiro pela culatra e gerar uma reação negativa por parte dos empregados. As pessoas querem que a apreciação seja genuína. Os funcionários ficam céticos diante de programas implantados de cima para baixo por meio dos quais os supervisores recebem instruções como: "Expresse apreciação a cada membro da equipe pelo menos uma vez por semana". Muito embora todos nós saibamos que somos valorizados, queremos que isso seja autêntico, não algo artificial.

Segundo, *para que produza impacto, a apreciação precisa ser vista como algo valioso por quem a recebe*. Isso está diretamente relacionado à necessidade de comunicação individualizada. Assim como cada pessoa tem sua principal linguagem de amor nos relacionamentos familiares, elas também têm sua principal linguagem da valorização pessoal no ambiente profissional.

Da perspectiva do supervisor, o desafio é saber quais ações acertam o alvo e conseguem comunicar a apreciação de modo eficiente a determinado membro da equipe. É por isso que desenvolvemos o Inventário de Motivação através da Valorização Pessoal. Nosso desejo foi desenvolver uma ferramenta que fornecesse ações precisas e individualizadas, para ser usada por proprietários de negócios e líderes organizacionais a fim de mostrar a apreciação que sentem pelos membros de suas equipes,

> Na conjuntura financeira atual, as **exigências sobre os funcionários** são cada vez maiores.

sem ter de tentar adivinhar o que seria mais significativo para cada empregado. Concordamos com Buckingham e Clifton, que afirmam em seu *best-seller Descubra seus pontos fortes*: "Alcançar a excelência como gerente e transformar os talentos de sua equipe em forças produtivas e poderosas exige um ingrediente adicional de suma importância. Se você não tiver esse ingrediente, [...] então nunca alcançará a excelência. Esse ingrediente importantíssimo é a individualização".

Terceiro, outra importante descoberta por meio de pesquisas é que *funcionários apresentam maior tendência ao "burnout"*[2] *quando não se sentem apreciados ou apoiados emocionalmente por seus supervisores*. Na conjuntura financeira atual, as empresas precisaram reduzir o número de empregados, as compensações financeiras foram diminuídas ou extintas e as exigências sobre os funcionários são cada vez maiores. Esse é o conjunto de condições perfeito para que os trabalhadores fiquem desanimados. Mais trabalho, menos apoio dos outros, pouco incentivo financeiro e medo em relação ao futuro se combinaram para fazer com que os funcionários se sintam inseguros.

Encontramos muitas organizações que estão à procura de maneiras de incentivar os membros de suas equipes e recompensá-los pelo trabalho bem realizado, mas elas não conseguem mais usar as recompensas financeiras para esse propósito. Isso é especialmente verdadeiro em repartições públicas, escolas, agências de serviço social e organizações sem fins lucrativos. Diretores e administradores agora devem encontrar formas eficazes de incentivar seu pessoal, métodos que não exijam grandes quantidades de recursos financeiros.

Mas existem algumas boas notícias para esses dirigentes empresariais. Quando líderes procuram ativamente comunicar apreciação aos membros de suas equipes, a filosofia de trabalho melhora como um todo. E também os gerentes relatam que estão gostando mais de seu trabalho. Todos nós prosperamos numa atmosfera de apreciação.

## QUANDO A APRECIAÇÃO ERRA O ALVO

Como destacado anteriormente, cada um de nós tem suas linguagens principal e secundária de valorização pessoal. A comunicação por meio de nossa linguagem principal é mais profunda do que a que ocorre mediante outras linguagens. Embora possamos aceitar o apreço expresso por meio de todas as cinco linguagens, não nos sentiremos verdadeiramente encorajados, a não ser que a mensagem seja comunicada por meio de nossa linguagem principal. Quando as mensagens são repetidamente enviadas em linguagem diferente dessa, "erra-se o alvo" e perde-se o impacto pelo qual o remetente esperava.

Todos nós temos a tendência de nos comunicar com os outros de uma maneira que seja mais significativa para nós — ou seja, falamos a "nossa própria linguagem". Contudo, se a mensagem não estiver na linguagem da valorização pessoal do funcionário, talvez ela não signifique para ele o que significaria para você. É por isso que muitos funcionários não se sentem encorajados quando recebem uma recompensa como parte do plano de reconhecimento da empresa — esse reconhecimento não está falando a linguagem da valorização pessoal preferida deles.

Em seu departamento, por exemplo, Ellen costuma ser a vendedora que atinge os melhores desempenhos, tanto em vendas quanto em serviços ao consumidor. Nas reuniões trimestrais de sua equipe é comum ela ser chamada à frente para receber um prêmio. Para Ellen, isso é como uma sessão de tortura. Ela odeia ficar diante de grupos e não quer ser o centro das atenções. O que ela valoriza é ter regularmente um tempo com sua supervisora, um período no qual ela possa compartilhar suas ideias sobre como melhorar o serviço de atendimento ao cliente. A principal linguagem da valorização pessoal de Ellen é *tempo de qualidade*, não *palavras de afirmação*. O reconhecimento público é embaraçoso para Ellen, uma experiência que lhe é negativa.

Essa comunicação errada pode ser frustrante tanto para o emissor quanto para o receptor. Considere o seguinte cenário:

— O que está acontecendo com o Mike? — Claricia pergunta a uma colega.

— Eu digo a ele que está realizando um ótimo trabalho. Cheguei até mesmo a comprar ingressos para uma partida de futebol esta semana, para mostrar quanto fico feliz com as horas extras que ele trabalha para conseguir concluir os projetos. Ainda assim, ele anda cabisbaixo e diz ao Jim que acha que a liderança não valoriza o que ele faz. O que mais ele quer?

O que Mike quer é a ajuda de seus colegas quando um projeto precisa ser finalizado. Ele não gosta de trabalhar sozinho, embora o faça se isso for necessário. Ele valoriza *atos de serviço* e se sentiria realmente encorajado se às vezes seus colegas ou seu supervisor ficassem com ele até mais tarde para ajudá-lo a concluir um projeto. Dizer-lhe "obrigado" ou dar-lhe algum presente material após a conclusão da tarefa é bom, mas isso não satisfaz de fato a necessidade emocional que ele tem de se sentir apreciado.

Considere este outro exemplo, relacionado às nossas necessidades físicas. Em vários momentos durante o dia, podemos sentir sede, fome ou cansaço físico. E qualquer pessoa que queira ajudar para que nos sintamos melhor pode se predispor a nos fornecer aquilo que notou estarmos precisando. Mas, se você precisar de um copo com água e alguém lhe oferecer uma cadeira para se sentar, essa certamente é uma atitude simpática, mas não mata sua sede. Ou, se você estiver exausto depois de ter trabalhado e um amigo lhe der um sanduíche, mas não deixar que você se sente para descansar, a comida poderá lhe dar um incremento adicional de energia, mas a ação não lhe dá o descanso completo de que você precisa.

## QUEM PODE UTILIZAR OS CONCEITOS DE MOTIVAÇÃO ATRAVÉS DA VALORIZAÇÃO PESSOAL

Quando demos início à nossa pesquisa, visualizamos supervisores usando os princípios de motivação através da valorização pessoal para melhorar as relações no ambiente de trabalho. Contudo, à medida que fizemos testes de campo com esses princípios numa ampla gama de organizações (comerciais ou sem fins lucrativos, bem como numa variedade de indústrias), descobrimos uma resposta interessante. O encorajamento aos colegas e a demonstração de apreço aos funcionários eram valorizados por indivíduos em praticamente todos os cargos e situações. Repetidas vezes, membros de equipe ficaram motivados a usar a apreciação tanto para com seus pares e colegas quanto em relacionamentos hierárquicos. Nossa conclusão é que as pessoas querem encorajar e mostrar consideração àqueles com quem trabalham, independentemente do papel organizacional que desempenham.

Como resultado, por todo este livro você descobrirá que diversificamos nossa terminologia (*supervisor, gerente, colega, parceiro, subordinado*), assim como oferecemos diferentes exemplos. Em essência, os princípios podem ser aplicados independentemente do tipo de relacionamento hierárquico que você tenha com outras pessoas.

Isso nos leva à tese geral desta obra. Cremos que, seja em cargos remunerados, seja em ações voluntárias, as pessoas precisam se sentir valorizadas para que gostem de seu trabalho, para que façam o melhor que podem e continuem a trabalhar por um longo período. Entender como você é encorajado e como aqueles com quem você trabalha sentem-se encorajados pode melhorar significativamente seus relacionamentos no ambiente profissional, aumentar sua satisfação e criar uma atmosfera mais positiva. É nossa intenção fornecer ferramentas, recursos e informações para ajudar você a reunir esse conhecimento e aplicá-lo de maneira prática e significativa no local em que trabalha.

Se você não estiver convencido de que seu ambiente de trabalho precisa de melhorias na comunicação da apreciação, por favor, analise o recurso "Entendendo algumas dicas não tão sutis de que seus colegas precisam sentir-se apreciados", no *Kit* de Ferramentas da Valorização Pessoal, disponível no final deste livro. Isso pode lhe dar uma perspectiva criteriosa sobre seu ambiente de trabalho.

## LEVANDO PARA O LADO PESSOAL

Reflita sobre os itens a seguir:

1. Numa escala de 0 a 10, quão apreciado você se sente por seu supervisor imediato?
2. Numa escala de 0 a 10, qual é o nível de apreço que você julga receber de cada um de seus colegas de trabalho?
3. Quando você se sente desanimado no trabalho, quais ações realizadas por outras pessoas lhe dão incentivo?
4. Normalmente, como você age quando quer comunicar consideração por seus colegas?
5. Que nota daria para a maneira como você e seus colegas de trabalho sabem expressar apreço uns pelos outros?
6. Até que ponto você está interessado em descobrir maneiras eficientes para apoiar e encorajar aqueles com quem trabalha e, assim, criar um ambiente profissional mais positivo?

# 2

## Como líderes empresariais devem entender o retorno do investimento em apreciação e encorajamento

Líderes empresariais, quer proprietários quer gerentes, concentram-se fortemente na lucratividade do negócio e no retorno do investimento (conhecido por ROI, na sigla em inglês). De fato, o ROI é um dos parâmetros de avaliação por meio do qual executivos e gerentes são monitorados em relação ao seu desempenho profissional. Ainda que a maioria dos empresários queira que sua equipe goste do trabalho e tenha atitudes positivas em relação à empresa, em última análise eles avaliam os benefícios de qualquer programa ou atividade em termos de seu impacto sobre a saúde financeira da organização. Se uma atividade — como o modelo de *motivação através da valorização pessoal* — não contribuir para o sucesso da empresa e, além disso, dispersar foco e energia, por que um gerente a experimentaria?

Quando apresentamos o modelo de *motivação através da valorização pessoal*, é comum que executivos e líderes empresariais perguntem: "Por quê?". "Por que deveríamos nos preocupar em comunicar apreciação aos nossos empregados? Nós lhes pagamos salários justos. Nas atuais condições econômicas, eles deveriam ser gratos pelo simples fato de terem um emprego. É certo que, por um lado, desejamos que eles sejam felizes e se sintam valorizados; mas, por outro lado, isto aqui é uma empresa: não lidamos com abraços e tapinhas nas costas, e sim com fornecimento de bens e serviços, ao mesmo tempo que geramos lucros".

Essa reação não é incomum, nem deixa de ser razoável para os responsáveis pela saúde financeira de um negócio. O mundo do trabalho é exigente, cheio de duras realidades. Gerentes e diretores precisam lidar com concorrência global, orçamento reduzido, impostos elevados e, muitas vezes, com mão de obra não treinada. Ninguém tem tempo ou energia extras para desperdiçar em projetos que não contribuam para o sucesso da organização. Assim, uma pergunta pertinente e que precisa ser respondida é: "Que ganhos eu terei (ou minha organização terá) ao optar por demonstrar apreço por minha equipe de trabalho regularmente?".

> **"Por que deveríamos nos preocupar** em comunicar apreciação aos nossos empregados? Nas atuais condições econômicas, eles deveriam ser **gratos** pelo simples fato de terem um emprego."

Neste capítulo queremos responder a essa pergunta de modo que os líderes empresariais possam determinar se os benefícios superam ou não o custo de tempo e de energia investido no processo de motivação através da valorização pessoal.

## COMO AS COISAS MUDARAM!

Quando dei início a esse projeto, em 2006, muitos relatórios proclamavam a crescente dificuldade de encontrar funcionários qualificados. Naquela época, entre as principais questões enfrentadas pelos empregadores podia-se citar: mão de obra com baixa qualificação, empregados que normalmente não tinham uma boa ética de trabalho, e redução da força de trabalho por conta do envelhecimento da geração dos *baby boomers*.[1]

Agora, é claro, empregadores e empregados enfrentam um mundo diferente. A crescente globalização da economia e o mercado mundial, que Thomas Friedman explorou recentemente em seu *best-seller O mundo é plano*, tornaram-se realidade. No passado, os negócios competiam com concorrentes locais, regionais e, às vezes, com empresas de abrangência nacional. Hoje, porém, a maioria das empresas (e as pessoas em busca de trabalho) enfrenta a competição global de empresas instaladas em países como China, Índia, Cingapura, Cazaquistão e muitos outros locais. Hoje, as organizações são forçadas a funcionar num ambiente cada vez mais competitivo.

Além disso, os maus tempos da economia, iniciados em 2008, alteraram significativamente o panorama dos negócios. O impacto da crise financeira é sentido no mundo inteiro. A economia dos Estados Unidos perdeu centenas de milhares de empregos. Muitas empresas precisaram reduzir sua força de trabalho simplesmente para continuar no mercado. Os funcionários que mantiveram o emprego tiveram de enfrentar redução em seus pacotes de benefícios; muitos passaram anos sem receber aumento ou bônus, enquanto as empresas procuravam manter seu pessoal ao mesmo tempo que tentavam permanecer financeiramente viáveis. Tanto empregadores

> Manter empregados qualificados é de fundamental importância para as empresas e organizações de hoje.

como empregados tiveram de se sacrificar nesse contexto. Contudo, manter empregados qualificados é de fundamental importância para as empresas e organizações de hoje.

## AS CINCO MAIORES PREOCUPAÇÕES DOS GERENTES

Quando falamos a grupos de líderes empresariais e organizacionais e lhes perguntamos quais são suas maiores preocupações em relação aos empregados, ouvimos coisas como:

- Desânimo
- Esgotamento
- Sentimento de sobrecarga
- Perda da cultura empresarial positiva construída ao longo dos anos
- Maneiras de equilibrar incentivo aos funcionários e pouca disponibilidade de recursos financeiros

Diante disso, manter um moral positivo entre a equipe sem recorrer a recompensas financeiras é mais urgente do que nunca. O risco de a liderança desanimar-se e sofrer *burnout* é bastante alto. Empregadores e gestores estão preocupados e buscam soluções.

A segurança no cargo, sentimento ou crença de que o emprego está garantido, é crítica para a maioria dos trabalhadores de hoje. Mas nenhum empregador pode *garantir* a segurança de seus empregados. Contudo, ajudar os funcionários e a liderança a se sentirem necessários e apreciados pode ajudar a acalmar seus temores. A melhor maneira que conhecemos de realizar isso é por meio da comunicação individual de apreciação à equipe, mediante atitudes que sejam significativas para cada pessoa do grupo.

## POR QUE OS FUNCIONÁRIOS VÃO EMBORA

Quando falamos a grupos ou prestamos consultoria, é comum lançarmos esta pergunta: "O que você considera ser a principal razão de as pessoas mudarem de emprego?". As respostas mais comuns são "a busca por mais dinheiro" ou "o desejo de crescer, de conseguir uma posição melhor". Contudo, sair para ganhar mais ou mudar para um cargo mais elevado não são as razões pelas quais a maioria das pessoas deixa seu emprego. De fato, uma grande empresa norte-americana que realiza entrevistas de desligamento investigou milhares de demissionários, num período de quatro anos, e obteve os seguintes resultados:

*Crença:* a maioria dos gerentes (89%) acredita que os empregados saíram para ganhar mais, ou seja, apenas 11% dos gerentes acredita que os empregados saíram por outras razões.

*Fato:* apenas 12% dos empregados relataram estar deixando o emprego para ganhar mais,[2] isto é, 88% dos empregados afirmam que os motivos de seu desligamento são outros que não o dinheiro. As razões mais comumente citadas por esses funcionários eram de natureza mais psicológica — incluindo o fato de não se sentirem valorizados ou de não acreditarem que seus superiores confiavam neles. Quando os membros de uma equipe

> "Não havia salário suficiente para permanecer ali.
> **A falta de apoio falou muito mais alto.**"

sentem que suas contribuições não são apreciadas e quando não se percebem valorizados por seu empregador ou supervisor, eles procuram emprego em outro lugar.

Gerentes e empregadores precisam incorporar essa realidade em seus planos. Suas organizações correm o risco de perder funcionários de qualidade que não se sentem apreciados pelos supervisores e pelos colegas. A maioria dos líderes não tem consciência desse fato e, assim, se concentra mais no poder dos benefícios financeiros para reter os empregados. Mas, como nos disse um gerente cansado, "Não havia salário suficiente para permanecer ali. A falta de apoio falou muito mais alto".

É interessante notar que o Instituto Gallup relata que, nos Estados Unidos, quase 70% das pessoas dizem não receber elogio ou reconhecimento no ambiente de trabalho.[3] Sendo assim, se a maioria dos empregados declara que não recebe elogio verbal no trabalho, é bem provável que eles não se sintam apreciados em seu ambiente profissional.

### O ESCOPO DA PESQUISA:
### A VALORIZAÇÃO PESSOAL EM DIVERSOS GRUPOS
### OCUPACIONAIS E INDÚSTRIAS

Descobrimos que no mundo dos negócios muitas pessoas fazem pressuposições equivocadas sobre a valorização pessoal no ambiente profissional. Uma dessas pressuposições é que existem certas carreiras e ocupações que são mais receptivas ao conceito de *motivação através da valorização pessoal*. Entretanto, nossa experiência descobriu que não é assim — a questão tem menos a ver com o tipo ou o local de trabalho e mais com o dono do negócio ou o gerente.

Fizemos uma lista de profissões, ocupações e locais de trabalho sobre os quais foram publicadas pesquisas sobre a importância da valorização pessoal no ambiente profissional. Por favor, perceba que esta *não é* uma lista completa, em parte porque novas pesquisas vêm sendo publicadas praticamente todos os meses.

| Médicos | Advogados |
|---|---|
| Bancários | Funcionários de obras públicas |
| Professores de escolas públicas | Contadores |
| Professores de classes especiais | Funcionários de creches |
| Trabalhadores de linha de montagem | Funcionários administrativos |
| Operários | Funcionários públicos |
| Pastores | Gerentes comerciais |
| Conselheiros de reabilitação | Profissionais de informática |
| Assistentes sociais | Diretores de escolas confessionais |
| Administradores da área educacional | Juízes de futebol |
| Juízes de luta livre | Profissionais de apoio educacional |
| Enfermeiras | Motoristas de ônibus |
| Policiais | Gerentes de hotel |

Obviamente, é vasta a gama de ocupações e atividades que se mostraram afetadas pela comunicação da apreciação no ambiente de trabalho. E a questão não está limitada à América do Norte — empresas multinacionais e negócios por todo o globo descobriram que as expressões de apreço no ambiente de trabalho têm impacto positivo.[4]

## SATISFAÇÃO NO TRABALHO: O QUE OS DADOS REVELAM

Com o objetivo de convencer os líderes organizacionais de que mensagens de apreciação direcionadas regular e individualmente aos membros das equipes contribuirão para o sucesso de sua empresa, precisamos começar com o conceito fundamental de satisfação no trabalho. Trata-se de uma avaliação mensurável do grau de contentamento de um empregado (ou voluntário) em sua função profissional.

Pesquisadores nos campos de desenvolvimento organizacional e gerenciamento empresarial dedicaram amplos estudos a esse conceito. Não é possível resumir aqui tudo o que se observou sobre satisfação no trabalho (vários livros já foram escritos acerca do assunto), mas podemos citar algumas das descobertas mais importantes.[5, 6, 7]

## O alto custo da rotatividade de empregados

A maioria dos empregadores sabe que um dos maiores custos para uma organização ocorre com a substituição de um funcionário que se desliga da empresa. Em sua análise do custo de substituição de empregados, Abbasi e Hollman afirmam: "Tanto no setor público como no privado, a rotatividade de mão de obra é uma das causas mais significativas de declínio na produtividade e no entusiasmo dos colaboradores".[8]

Outros pesquisadores já identificaram que o "custo visível" da rotatividade da equipe é composto pelo custo da demissão, do anúncio e recrutamento de novos empregados, das viagens de candidatos, das despesas associadas a seleção, contratação, transferência, orientação, determinação de prêmios e realocação.[9]

> O processo de busca, contratação e treinamento de novos empregados é comumente apontado como uma das tarefas mais detestadas pelos gerentes.

Em consultas com empregadores, o processo de busca, contratação e treinamento de novos empregados é comumente apontado como uma das tarefas mais detestadas pelos gerentes. A maioria dos gestores está concentrada em fazer com que as coisas aconteçam. Eles querem facilitar a realização dos objetivos da equipe. Separar tempo e energia para encontrar novos funcionários se assemelha a uma interrupção. Também é uma tarefa para a qual a maioria dos supervisores não está treinada. Como resultado, eles geralmente não se sentem confortáveis com o processo ou não se julgam competentes para realizá-lo.

Existem custos e consequências adicionais ocultos na rotatividade de empregados: ausência de uma pessoa até que a vaga seja preenchida, perda temporária de produtividade, diminuição do moral e do senso de estabilidade entre aqueles que ficam, perda de eficiência, bem como impacto sobre as relações com os consumidores enquanto o recém-contratado se acostuma com sua posição.[10]

Do ponto de vista da organização, infelizmente os funcionários com maior probabilidade de deixar o emprego são aqueles que possuem mais talento, são mais bem treinados e têm capacidade para contribuir positivamente para a organização. São mais propensos a se demitir porque dispõem de outras oportunidades de trabalho.[11]

Em resumo, a rotatividade entre empregados é um dos maiores custos tangíveis de uma organização. Alguns pesquisadores[12] relatam que seu custo para a economia dos Estados Unidos é de pelo menos 5 trilhões de dólares por ano. Quando uma empresa consegue reter funcionários de qualidade por um longo período, ela ganha vantagem sobre seus concorrentes, pois mantém os custos baixos e oferece continuidade no relacionamento com clientes e fornecedores.

## Satisfação no trabalho e compromisso de longo prazo

Então, se os empregadores e os gerentes quiserem manter seus funcionários, qual é a melhor maneira de fazer isso? Tradicionalmente, os empregadores presumem que a compensação financeira e os benefícios associados são a chave para a retenção de mão de obra. Embora isso seja verdade para alguns indivíduos e em algumas atividades (mais notadamente nos níveis mais elevados de companhias financeiras), a chance de aumento salarial em outra instituição não é o principal motivo pelo qual a maioria dos empregados deixa a empresa em que trabalha. É interessante notar que até mesmo em cargos operacionais, nos quais o valor do salário tem sido visto como o principal incentivo, a pesquisa demonstrou que a satisfação no trabalho era uma das variáveis mais importantes do nível de comprometimento dos empregados.[13]

De fato, em diversos cargos e ocupações, o grau de satisfação que um indivíduo alcança tem sido repetidamente considerado um dos melhores indicadores de compromisso de longo prazo. De maneira específica, a pouca satisfação está diretamente relacionada a uma alta rotatividade no trabalho.

> Um bom indicativo da iminente saída de um empregado é que ele começa a **pensar** em procurar outro emprego.

Às vezes, psicólogos e outros pesquisadores "descobrem" o óbvio. Uma dessas descobertas é o fato de que um bom indicativo da iminente saída de um empregado é que ele começa a *pensar* em procurar outro emprego. Isso é consistente com aquilo que conhecemos sobre comportamento em geral. A maior parte dos comportamentos (isto é, das ações) deriva de um pensamento inicial, que é acompanhado e expandido por outras ideias, resultando num padrão geral de raciocínio ou num sistema de crenças. As pessoas começam, então, a planejar mentalmente suas ações potenciais e a explorar oportunidades para essas ações; por fim, optam por agir da maneira como vinham considerando.

É importante saber disso, pois tem sido demonstrado que o ato de *pensar* em sair do emprego está intimamente relacionado ao nível de satisfação de um indivíduo no cargo que ocupa. Baixos níveis de satisfação no trabalho estão relacionados a um grau mais elevado de consideração sobre a saída do emprego. Desse modo, para seguir a lógica, se o proprietário de um negócio quiser manter seus empregados, deve desejar que eles: 1) tenham um alto grau de satisfação em sua posição atual, de modo que 2) não comecem a pensar em deixar seu cargo, a fim de que 3) não acabem optando por sair e ir trabalhar para outra pessoa.

## Satisfação no trabalho e valorização pessoal

Uma vez que se trata de uma questão importante, os pesquisadores estudaram intensamente os indicadores de satisfação no trabalho. E os empregadores têm à sua disposição dúzias de ferramentas para avaliar esses índices. Estudiosos descobriram que a satisfação no emprego está relacionada a fatores como:

- Complexidade do trabalho (quanto mais complexo, maior a satisfação)
- Retorno financeiro
- Condições gerais de trabalho
- Reconhecimento
- Chance de usar habilidades e talentos
- Percepção de que o trabalho é importante e valorizado
- Qualidade dos relacionamentos interpessoais no trabalho
- Satisfação dos colegas
- Controle do processo de tomada de decisões
- Nível de responsabilidade
- Carga de trabalho

40 AS CINCO LINGUAGENS DA VALORIZAÇÃO PESSOAL NO AMBIENTE DE TRABALHO

Diante disso, pode-se concluir que o grau de satisfação experimentado no trabalho é significativamente influenciado pelo nível de apreço que o empregado julga receber dos que estão à sua volta.

O anseio por valorização pessoal não está relacionado à posição hierárquica. Donos de empresas e presidentes, trabalhadores braçais da produção, gerentes de nível intermediário e atendentes, todos falam da necessidade de se sentirem valorizados. O desejo por consideração também não está limitado à atividade ou ao tipo de trabalho realizado, como já vimos. Banqueiros, trabalhadores da construção civil, professores, consultores da área financeira, assistentes administrativos, pastores, programadores de computador, assistentes sociais (a lista prossegue), todos informam que gostam mais de seu trabalho quando ele é acompanhado por um senso de valorização pessoal. Portanto, não é surpresa o fato de gestores de alto e médio escalões relatarem frequentemente que a razão principal de saírem para trabalhar em outra empresa é a percepção de que não são apreciados em seu local de trabalho atual.

**Outras descobertas**
A valorização pessoal no ambiente profissional tornou-se uma importante área de pesquisa em diversos campos acadêmicos. Isso parece estar relacionado ao papel significativo que a valorização pessoal desempenha na satisfação com o trabalho. Mas também parece relacionar-se com a experiência pessoal de milhões de indivíduos. Afirmamos intuitivamente que *trabalhar num ambiente onde há um senso de apreciação por aquilo com que contribuímos é mais agradável do que realizar as mesmas tarefas (pelo mesmo salário) e não se sentir valorizado por quem está ao nosso redor.*

Do mesmo modo, *comunicar apreço em relacionamentos profissionais tem se mostrado uma maneira de melhorar a qualidade das relações entre funcionários e seus supervisores, assim como entre colegas de trabalho.* Uma das observações interessantes que fizemos em nossa atuação nas empresas é que os subordinados (com maior frequência do que os supervisores) valorizam muito o fato de saber como comunicar encorajamento e apreciação por seus companheiros.

Numa grande empresa da área financeira, cujos funcionários trabalham em equipes espalhadas por lugares diferentes, encontramos um enorme interesse pela *motivação através da valorização pessoal* por parte dos assistentes executivos. Janice, uma dessas pessoas, disse: "Ótimo! Agora sei como encorajar e dar apoio à Susan quando ela se sentir sobrecarregada". Descobrimos que é comum o relato positivo dos colaboradores acerca da importância de saber comunicar apreciação e apoio aos colegas de trabalho.

*A satisfação dos empregados causa impacto na satisfação do cliente.* Pense nas vezes em que você foi ao *shopping center* para fazer compras e se viu precisando de ajuda. Você tenta localizar um funcionário da área de atendimento ao cliente. Contudo, é preciso interromper a conversa do funcionário ao celular ou a mensagem de texto que ele está enviando para alguém. Então ele lança aquele olhar inexpressivo e um suspiro profundo, como se você o estivesse atrapalhando. Está claro que aquele funcionário não se sente muito animado com o fato de estar ali ou ter de ajudar você. Provavelmente,

> Quando os empregados apresentam **graus mais elevados de satisfação** com seu trabalho, isso também indica melhor **nível de serviço ao consumidor**.

a reação que você terá como consumidor não será positiva. Pesquisas demonstram que, quando os empregados apresentam graus mais elevados de satisfação com seu trabalho, isso também indica melhor nível de serviço ao consumidor. E, como a maioria dos empreendedores sabe, a satisfação do cliente costuma ser a diferença entre o sucesso e o fracasso de um negócio.

No cenário econômico atual, as empresas precisam "fazer mais com menos". A maioria das companhias tem precisado dispensar funcionários ao mesmo tempo que busca manter um alto nível de produção. Menos empregados significa que é necessário aumentar a produtividade. E como se faz isso? A maior parte das organizações norte-americanas não se caracteriza mais como empresas de manufatura nas quais a mecanização e intervenções visando à eficiência sejam capazes de aumentar a produtividade. Ou seja, outras estratégias devem ser utilizadas. Alguns pesquisadores descobriram que maior satisfação no trabalho se traduz em níveis mais elevados de produtividade.[14]

Cremos que a *motivação através da valorização pessoal* pode ser uma ferramenta eficaz para praticamente qualquer negócio ou organização. Os benefícios para a empresa são claros:

- Redução na rotatividade de funcionários
- Melhores índices de comparecimento ao trabalho e produtividade
- Maior satisfação dos clientes
- Relacionamentos mais positivos entre supervisores, diretores e subordinados
- Uma cultura corporativa geral e um ambiente de trabalho mais positivos

A boa notícia é que isso tem custo mínimo para a organização. O processo de implementação da motivação através da valorização pessoal normalmente pode ser estabelecido em reuniões já existentes na rotina da empresa e em estruturas atuais. O modelo de motivação através da valorização pessoal foi propositadamente desenvolvido de modo a manter baixos os custos financeiros. Fornecemos também outras ferramentas a fim de que cada organização possa optar pelo nível de apoio e recursos que lhe for mais conveniente.[15]

O resultado das pesquisas é claro, e nossa experiência com empresas confirma as descobertas: empresários e gerentes que utilizam princípios eficazes para comunicar apreciação e encorajamento recebem muito retorno para seu negócio em função do investimento feito.

## LEVANDO PARA O LADO PESSOAL

1. Se você é gerente de uma empresa, pense nos funcionários que deixaram sua instituição no último ano. Você conduziu uma entrevista de desligamento para determinar a razão pela qual eles estavam saindo? (Se não o fez, tal entrevista talvez ainda seja possível e benéfica.)

2. Se você tem consciência das razões pelas quais os funcionários saíram de sua empresa, o que fez para atacar as dificuldades que eles relataram?

3. Uma vez que, como se demonstrou, a satisfação dos funcionários com o trabalho tem impacto sobre a satisfação do cliente, você considera pouco importante, razoavelmente importante ou muito importante descobrir o nível de satisfação de seus subordinados com o trabalho?

4. Sua empresa já pediu aos funcionários que façam um inventário de sua satisfação no trabalho nos últimos dois anos?*

5. Uma vez que "se perceber apreciado" é um dos fatores mais importantes para que o funcionário tenha satisfação no trabalho, você estaria disposto a considerar a ideia de apresentar à sua equipe um Inventário de Motivação através da Valorização Pessoal? Por quê?

*Caso você queira fazer isso, é possível desenhar um inventário de satisfação no trabalho que seja compatível com o seu negócio.

Presumindo que você esteja interessado em entender a si mesmo e àqueles com quem trabalha, e que você quer tentar criar um ambiente profissional mais positivo e satisfatório, avançaremos para a exposição das cinco principais linguagens da valorização pessoal.

## PARTE 2

# As cinco linguagens da valorização pessoal

Palavras de afirmação

Tempo de qualidade

Atos de serviço

Presentes

Toque físico

# 3

## Palavras de afirmação

Jim Rennard é o tipo de pessoa de quem quase todo mundo gosta. Ele é extrovertido, positivo e agradável. Como vendedor principal de sua empresa, ele transpira otimismo e energia — e quase sempre tem uma piada nova para contar.

Por causa de sua personalidade e de sua notável perseverança, Jim é um vendedor extremamente bem-sucedido. Com o passar dos anos, ele desenvolveu uma sólida carteira de clientes leais à empresa. Ele continua abrindo novas frentes de negócio e, como resultado, tem obtido êxito financeiro. Mas não é dinheiro o que o motiva.

Jim adora elogios — não de maneira imprópria ou de modo excessivo, mas está claro que ele dá importância àquilo que os outros pensam dele. Portanto, se alguém lhe diz: "Bom trabalho! Realmente gostei de receber sua ajuda para que este projeto fosse concluído dentro do prazo", ele sorri e se sente apoiado. Quando o chefe aponta para ele e diz a um dos clientes: "Sabe, este cara é uma das principais razões de nosso sucesso. Ele cuida de seus clientes e garante que o trabalho seja realizado da maneira correta", mais tarde Jim

48 AS CINCO LINGUAGENS DA VALORIZAÇÃO PESSOAL NO AMBIENTE DE TRABALHO

sai da sala com um senso genuíno de satisfação. Para ele, *palavras de afirmação* são a principal linguagem da valorização pessoal. É claro que ele gosta de sucesso financeiro, mas, se não recebesse afirmação verbal, em pouco tempo estaria procurando outro emprego.

*Palavras de afirmação* representam a linguagem na qual palavras são usadas para comunicar uma mensagem positiva a outra pessoa. Quando fala essa linguagem, você está apoiando verbalmente uma característica positiva de alguém. Como acontece com todas as linguagens da valorização pessoal, existem muitos dialetos. Um dialeto é uma maneira singular de falar determinada linguagem. Vamos analisar algumas formas de comunicar palavras de afirmação.

## ELOGIO POR REALIZAÇÕES

Uma maneira de expressar palavras de afirmação é *elogiando verbalmente uma pessoa*. O elogio se concentra numa conquista ou num feito. Assim, tendemos a elogiar um colega quando ele apresenta um trabalho de qualidade, quando satisfaz ou excede nossas expectativas. Este é o dialeto favorito de Jim. Ele floresce diante de elogios.

> O **elogio** normalmente se **concentra** numa **tarefa específica**.

No ambiente profissional, este é o dialeto mais comum. Afinal de contas, uma organização existe para realizar uma missão. Quando um empregado ou um voluntário contribui significativamente na direção daquele objetivo, parece correto elogiá-lo por seu trabalho.

O elogio normalmente se concentra numa tarefa específica. "Rob, o relatório que você apresentou esta manhã foi impressionante. Gosto da maneira como você abordou a questão internacional. Penso que precisamos concentrar mais esforços nesse aspecto, e gostei do fato de você ter chamado nossa atenção para isso."

*O elogio verbal eficiente é específico.* Quanto mais você surpreender um voluntário ou membro da equipe fazendo uma tarefa da maneira como você deseja e chamar atenção para essa tarefa ou comportamento, maior será a probabilidade de que tal atitude aconteça outra vez.

A pesquisa comportamental tem provado repetidas vezes a eficácia desse princípio. "Gosto da maneira como você atende ao telefone, com um tom agradável e oferecendo ajuda para que o cliente resolva sua questão" é uma frase que provavelmente incentivará a recepcionista a continuar respondendo ao telefone de maneira agradável. Dizer a um voluntário "obrigado por chegar cedo e garantir que estivéssemos prontos quando as crianças chegassem" é muito mais eficiente do que dizer "obrigado, você fez um bom trabalho esta noite".

> "Odeio quando meu chefe diz: **'Bom trabalho, gente! É assim que se faz! Continuem assim!'"**

Já foi suficientemente documentado que o elogio trivial ("Bom trabalho", "Você é um bom aluno") faz pouco para encorajar o destinatário, e não estimula os comportamentos positivos desejados. Um grande número de indivíduos já nos relatou que comentários genéricos podem, na verdade, ser desmotivadores. "Odeio quando meu chefe diz: 'Bom trabalho, gente! É assim que se faz! Continuem assim!'. É um mantra repetitivo que não tem significado algum para mim." Para ser significativo, o elogio deve ser específico.

Embora o elogio por realizações específicas fale profundamente a alguns de nós, isso não é verdade para todos. Alguns preferem outro dialeto.

## AFIRMAÇÃO PELO CARÁTER

Todos nós apreciamos traços positivos de caráter naqueles com quem trabalhamos — características como perseverança, coragem, humildade, autodisciplina, compaixão, perdão, honestidade, integridade, paciência, bondade, amor e altruísmo. É provável que a maioria das pessoas com quem você trabalha mostre algumas dessas virtudes. A pergunta é: você já expressou apreciação por esses traços de caráter?

Para alguns de nós, é fácil pronunciar palavras de elogio por realizações, mas é muito difícil dizer palavras de afirmação que se concentrem no caráter da outra pessoa. *O caráter vai além do desempenho e se concentra na natureza interna do indivíduo.* O caráter revela o que a pessoa fará quando ninguém estiver olhando. É seu modo padrão de viver. Se uma pessoa é honesta, ela dirá a verdade mesmo quando isso lhe for autodepreciativo.

Embora os traços de caráter não sejam tão facilmente observáveis quanto as realizações específicas, a longo prazo eles são muito mais importantes para uma organização. Quando não nos empenhamos em afirmar verbalmente traços positivos de caráter, deixamos de reconhecer um dos maiores bens da empresa: a índole de seus empregados.

> Quando não nos empenhamos em **afirmar verbalmente traços positivos de caráter**, deixamos de reconhecer **um dos maiores bens da empresa**.

Se você não conseguir se lembrar da última vez em que exaltou verbalmente um traço de caráter num colega de trabalho, então permita-me encorajá-lo a refletir sobre sua interação com essa pessoa no último ano. Procure trazer à mente consciente algumas características que você observou. Tome nota delas e, então, formule uma expressão verbal de como você poderia reconhecer o valor de uma dessas qualidades. Você pode dizer, por exemplo: "John, fico realmente feliz em saber que você é um homem íntegro. Posso confiar que você vai lidar honestamente com nossas finanças. Isso me dá um enorme senso de segurança". Ou então você poderia dizer: "Kim, você é uma pessoa incrivelmente compassiva. Observei a maneira como você responde às pessoas que expressam frustração. Você procura sinceramente entender a perspectiva delas. Realmente admiro você por isso". Tão logo tenha formulado sua própria declaração de afirmação, leia-a diversas vezes até que você se sinta confortável em expressá-la verbalmente. Então, busque uma oportunidade de elogiar com palavras um colega de trabalho, concentrando-se em um de seus traços de caráter.

Para muitas pessoas, esse é o dialeto que fala mais profundamente à sua necessidade de sentirem-se apreciadas. Um homem disse: "Este está sendo o dia mais importante dos meus quinze anos de trabalho nesta empresa. Meu gerente me disse: 'Ron, nunca lhe disse isso, mas sempre admirei você. Você é um dos homens mais bondosos que já conheci. Percebo a maneira como você se dispõe e como ajuda seus colegas quando eles parecem estar sobrecarregados com uma tarefa. Você não precisa fazer aquilo, não faz parte da sua descrição de cargo. Mas essa sua conduta me fala profundamente sobre o seu caráter'. Quando ele disse isso, fiquei surpreso. Não soube realmente o que dizer e simplesmente respondi 'muito obrigado'. Quando cheguei em casa naquela noite, contei à minha esposa o que ele dissera, e ela comentou: 'Ele está certo. Você também é um dos homens mais bondosos que *eu* já conheci'. Uau! Este é um dia que jamais vou esquecer".

Estamos convencidos de que há muitos "Rons" nas empresas, esperando ouvir palavras de afirmação que se concentram em seu caráter. Nada poderia fazer que se sentissem mais apreciados.

### FOCO NA PERSONALIDADE

Outro dialeto das palavras de apreciação são as *palavras que se concentram em traços pessoais positivos*. A personalidade é nossa maneira usual de abordar a vida. Existem inúmeros testes de personalidade que visam a nos ajudar a identificar tanto os aspectos positivos quanto os negativos de nosso modo de ser. Se entendermos nossos próprios padrões de personalidade, poderemos aprender a "jogar de acordo com nossos pontos fortes" e minimizar nossas fraquezas.

Algumas das palavras comumente usadas para descrever a personalidade são:

- Otimista
- Agressivo
- Organizado
- Planejador
- Lógico
- Falador

- Pessimista
- Passivo
- Desorganizado
- Espontâneo
- Intuitivo
- Realizador

Quando um gerente ou um colega observa traços positivos de personalidade e os afirma verbalmente, ele ajuda o indivíduo a agir de acordo com seus pontos fortes. O próprio fato de você ter afirmado certo padrão de personalidade faz com que a pessoa se sinta apreciada. As declarações a seguir são exemplos de palavras de afirmação que se concentram em traços positivos de personalidade:

- "Uma das coisas que admiro em você é que está sempre otimista. Às vezes fico desanimado, mas quando converso com você fico com uma perspectiva mais positiva. Aprecio muito isso."
- "Quando entro na sua sala, sempre fico inspirada. Sua mesa está sempre tão arrumada. Gostaria de ser mais organizada. Realmente admiro isso em você."
- "Percebi que, enquanto muitas pessoas de nosso departamento são apenas faladoras, você é um dos que fazem as coisas acontecerem. Enquanto os outros ainda estão analisando o que fazer, você de fato já está fazendo. Admiro isso grandemente e aprecio a sua contribuição à companhia."
- "Observei a sabedoria da sua intuição. Às vezes passamos muito tempo tentando abordar as coisas pelo lado da lógica, mas em 90% dos casos sua intuição acerta o alvo. Isso é bastante louvável."
- "Seu temperamento tranquilo a torna perfeita para o trabalho. Percebi como você é atenciosa ao ouvir nossos clientes quando eles ligam para reclamar. Você nunca se apressa em dar uma resposta até que entenda plenamente o ponto de vista da pessoa. Realmente gosto disso."

Se você não puder se lembrar da última vez em que usou palavras de afirmação para elogiar ou exaltar qualidades da personalidade de um colega, queremos encorajá-lo a conscientemente procurar as virtudes daquelas pessoas. Dentro das próximas duas semanas, verbalize elogios por um traço positivo que você tenha observado. Para algumas pessoas, essa é a maneira principal de elas se sentirem valorizadas.

## COMO E ONDE AFIRMAR

Não apenas existem muitos dialetos ou modos de expressar palavras de afirmação, como há também numerosos cenários nos quais elas podem ser ditas. Entender o contexto preferido em que alguém prefere ser reconhecido é outro aspecto importante de aprender a falar a linguagem de palavras de afirmação fluentemente. Veja a seguir alguns dos cenários mais comuns nos quais as palavras de afirmação podem ser expressas com eficácia.

### Reconhecimento pessoal, individual

Uma conversa particular com um membro de sua equipe pode ser profundamente encorajadora. Uma palavra rápida como "Don, queria que você soubesse quanto aprecio seu esforço no trabalho e seu compromisso de fazer com que a tarefa seja feita corretamente" pode ser significativa. De fato, nas entrevistas que realizamos percebemos que a comunicação pessoal e individual é mais valorizada e, portanto, a forma mais eficiente de usar palavras de afirmação. Gerentes e colegas que reservam tempo e esforço para lançar mão dessa abordagem são vistos pelos membros de sua equipe como pessoas altamente apoiadoras.

### Elogio diante de outras pessoas

Há quem goste de receber um elogio na frente de pessoas que lhes sejam importantes. Indivíduos desse tipo não necessariamente precisam ou querem um anúncio público, mas quando chamamos atenção para o bom trabalho que estão realizando, e o fazemos na frente de seu supervisor, de colegas ou de clientes, isso comunica a mensagem "eu valorizo você" àquelas pessoas. O elogio pode ser dado em conversas informais com uma pequena equipe de colaboradores ou em grandes reuniões corporativas.

Se o propósito de tal reconhecimento é encorajar o indivíduo (em vez de cumprir a política da empresa), é sábio buscar entender o que ele valoriza. Algumas pesquisas mostraram que o elogio verbal pronunciado em grupos menores é mais valorizado pelos trabalhadores do que prêmios concedidos em grandes reuniões.

### Afirmação por escrito

Expressar por escrito a gratidão por um trabalho bem realizado é mais fácil e mais frequentemente realizado no mundo atual, que preza pelas comunicações eletrônicas. Um *e-mail* ou uma mensagem de texto levam apenas um minuto para serem redigidos e podem ser realmente importantes para aquele seu colega de trabalho que ficou até tarde para terminar os *slides* da apresentação. Um gerente indicou que envia constantemente aos membros de sua equipe uma nota de elogio, normalmente logo depois de a apresentação ter sido completada.

Notas manuscritas ainda são valorizadas por muitos trabalhadores, pois elas parecem ser mais pessoais e exigem mais tempo e esforço para ser elaboradas. Um líder de uma organização sem fins lucrativos nos confidenciou que recebe muitos elogios verbais diretos, "o que é bom", e também inúmeros *e-mails* positivos, "que eu de fato não valorizo muito. Mas o que realmente significa algo para mim é o momento em que alguém reserva um tempo para escrever-me uma nota à mão".

### Afirmação pública

Alguns de nós não somos tímidos. Gostamos dos holofotes, da atenção e de toda a publicidade que acompanha o reconhecimento público do trabalho que realizamos. Ver um supervisor se levantar no meio de uma reunião do grupo e reconhecer-lhes a liderança na realização de uma tarefa significativa pode encorajar alguns indivíduos que trabalharam duro e por muito tempo para garantir que o objetivo fosse alcançado. Contudo, existem variáveis que tornam a experiência mais ou menos significativa para o destinatário. Algumas dessas variáveis são o fato de o evento ser planejado ou ser uma surpresa, e quem são as pessoas presentes na plateia (principais líderes da organização, diretor-superintendente, membros próximos da equipe, familiares). Todas essas considerações são fundamentais. Saber a preferência da pessoa que é honrada é ainda mais importante.

### OBRIGADO, SRA. ROBERTS!

Becky Roberts está entre as pessoas que mais evitam o reconhecimento público do trabalho que realizam. Ela é uma mulher tranquila e despretensiosa, com quase 50 anos de idade, e que trabalha incansavelmente nos bastidores de sua igreja num cargo remunerado de meio período. Além de supervisionar o berçário e garantir que haja uma escala de adultos voluntários todas as manhãs de domingo, Becky também ajuda mães solteiras que se veem em circunstâncias difíceis de vida. Ela ajuda a arrecadar suprimentos para bebês (cadeirinhas para carros, fraldas descartáveis), auxilia na obtenção de descontos para comprar mantimentos e presta outras ajudas financeiras, além de levar pessoalmente mulheres e seus filhos a consultas médicas e odontológicas durante a semana.

Becky é muito valorizada e apreciada, não apenas pelas mulheres a quem serve, mas também por pastores e líderes de sua igreja. Ela não procura o louvor dos outros, e ficaria envergonhada ao receber elogios públicos ou um prêmio de reconhecimento. *Sim*, Becky *é* motivada pela afirmação verbal — só que de um tipo diferente. Ela adora receber bilhetes de agradecimento das mulheres a quem serviu, ainda que eles sejam quase ilegíveis, escritos com erros de gramática e de ortografia. Na verdade, Becky mantém um "arquivo de encorajamento" no qual coloca os recados que recebe. Quando está cansada ou desanimada, ela abre o arquivo e relê os bilhetes; isso a ajuda a seguir adiante. As notas de agradecimento de pastores e de outras líderes são valorizadas, mas ela é incentivada de maneira especial pelas notas escritas com garranchos e ilustradas com desenhos infantis, como a de Keisha, de 7 anos, que escreveu: "Obrigada, sra. Roberts! Amo você! Keisha".

Veja a seguir outros comentários dos empregados sobre a maneira como gostam de receber afirmação verbal:

- De vez em quando, diga-me "Obrigado por trabalhar com afinco".
- Escreva-me um *e-mail* e reconheça quando eu tiver realizado um bom trabalho.
- Reconheça meu esforço num projeto, na presença dos meus colegas.
- Conte aos outros (quando eu não estiver por perto) sobre o bom trabalho que tenho feito.
- Faça-me um elogio específico quando eu fizer bem alguma coisa.
- Na minha avaliação anual, faça uma lista específica de coisas que você aprecia em meu desempenho no trabalho.
- Faça-me elogios em particular, não na frente de outros colegas de trabalho.

- Envie-me uma nota escrita à mão que demonstre seu apreço.
- Dê-me incentivo depois de eu ter lidado com uma situação difícil.
- Faça um elogio coletivo à nossa equipe quando tivermos nos saído bem.

Um dos benefícios de fazer que toda a sua equipe preencha o Inventário de Motivação através da Valorização Pessoal é que você receberá uma lista de ações específicas, o que lhe permitirá saber não apenas qual é o tipo de palavras de afirmação que seus colegas gostam de ouvir, como também o contexto no qual eles mais gostariam de recebê-las. De posse dessa informação, você pode ter a certeza de que vai "acertar o alvo" quando procurar apresentar palavras de afirmação.

### ERRANDO O ALVO: ELOGIO VAZIO

Palavras de elogio podem ser encorajadoras para seus funcionários, mas elas devem ser sinceras. Se o destinatário interpretá-las como vazias ou insinceras, elas não cumprirão o propósito da afirmação. Infelizmente, não podemos controlar o modo como os outros perceberão nossas ações. As pessoas podem confundir nossas intenções ou atribuir-lhes motivações que não são verdadeiras. Contudo, devemos procurar oferecer afirmação somente quando pudermos fazê-lo com sinceridade.

> Seu tom de voz pode comunicar: **"Estou dizendo essas palavras, mas não estou falando sério"**.

Se nosso desejo é que as palavras de afirmação sejam eficientes, então elas devem ser ditas num contexto positivo e saudável. Se você estiver no meio de um conflito com um membro de sua equipe ou se tem havido qualquer traço de ciúme em relação ao sucesso dele, então existe a possibilidade de seu elogio ser interpretado como algo não sincero. Seu tom de voz (monotônico, em baixo volume ou falado com certo sarcasmo) e sua linguagem corporal (olhos virados, expressão facial irritada, pouco contato visual) podem também comunicar: "Estou dizendo essas palavras, mas não estou falando sério". Se você não for capaz de expressar afirmação sinceramente ao seu colega, então é preferível ficar em silêncio, pelo menos até que seja capaz de dirigir-se a ele com franqueza e atitude positiva.

## A TRAGÉDIA DO DESPREZO

A maior tragédia que observamos é que, enquanto a maioria dos gerentes, supervisores e colegas aprecia genuinamente as pessoas com quem trabalham, eles costumam desprezar a manifestação verbal dessa apreciação. Eu (Gary) tive uma demonstração clara disso. Havia acabado de dar uma palestra em uma das maiores editoras dos Estados Unidos quando um homem veio até mim, depois da apresentação, e disse: "Trabalho nessa empresa há vinte anos. Creio que fiz um bom serviço. Fui criativo, minhas ideias fizeram a empresa ganhar muito dinheiro, mas nem uma vez sequer, em vinte anos, alguém disse que apreciava meu trabalho". Eu olhava para os olhos dele, enquanto lágrimas escorriam por sua face. Ele continuou: "Como eu gostaria que você tivesse feito essa palestra para nossa empresa vinte anos atrás. Não espero ser

> "Mas você não acha que, **em vinte anos, alguém poderia ter expressado apreciação** pelo menos **uma vez**?"

elogiado toda semana e nem mesmo ao término de cada projeto. Mas você não acha que, em vinte anos, alguém poderia ter expressado apreciação pelo menos uma vez?". Estava claro para mim que a principal linguagem da valorização pessoal daquele homem eram palavras de afirmação, e que ele nunca as recebera. Saí do encontro e pensei: "Quantos outros funcionários de empresas por todo o país não fazem eco aos sentimentos daquele senhor?".

Nossa esperança é que, depois de ter lido este capítulo, você tenha como objetivo que nenhum de seus colegas de trabalho consiga honestamente fazer uma declaração semelhante. Que você tenha a ambição de procurar oportunidades de conceder palavras de afirmação.

## LEVANDO PARA O LADO PESSOAL

1. Você consegue se lembrar de um momento na última semana em que elogiou verbalmente um colega de trabalho? Se conseguir se lembrar, o que você disse? Como a pessoa reagiu à sua afirmação?

2. Você recebeu afirmação verbal de um gerente ou de um parceiro de trabalho na semana passada? Em caso afirmativo, o que disseram? Como você se sentiu?

3. Numa escala de 0 a 10, que importância você dá ao ato de receber palavras de afirmação de seus colegas?

4. Escolha um colega que você considera merecedor e faça-lhe uma declaração de afirmação nas próximas duas semanas.

5. Se você é gerente ou supervisor, escolha um funcionário a quem você possa genuinamente afirmar e faça isso nos próximos dois dias.

Palavras de afirmação
**Tempo de qualidade**
Atos de serviço
Presentes
Toque físico

# 4

# Tempo de qualidade

Anne Taylor gosta de trabalhar em equipe. Ela ajuda a organizar os principais eventos da escola particular na qual trabalha. Seu cargo oficial é diretora de admissão (responsável pela seleção de alunos que querem estudar ali), mas todos sabem que ela também é a figura principal por trás do evento anual de levantamento de fundos, assim como organiza o encontro de ex-alunos. Ela realiza um trabalho excelente na supervisão de uma grande equipe de voluntários.

Anne gosta de "se divertir" com seus colegas e supervisores depois de uma tarefa ter sido completada. Ela disse: "Sinto que todos nós precisamos comemorar juntos". Assim, deu início àquilo que se tornou uma tradição: sair para tomar um sorvete depois de terminar um evento importante. É algo que toda a equipe aguarda. Ana quer que seus colegas sintam-se valorizados, e essa é a sua maneira de demonstrar apreciação.

Depois de entrevistar Anne, não nos surpreendemos ao descobrir que sua principal linguagem da valorização pessoal é *tempo de qualidade*. As ocasiões em que se sente mais valorizada são quando o sr. Johnson, o diretor-geral da escola, aparece na sala dela, senta-se numa cadeira e diz: "Conte-me como vão as coisas". Essa oportunidade de compartilhar com ele o progresso que está fazendo em várias tarefas, bem como a chance de apresentar suas frustrações e sugestões, é o que a faz sentir-se mais incentivada e apreciada. Quer o sr. Johnson perceba isso quer não, essas breves expressões de interesse no trabalho de Anne fazem com que ela se perceba como parte de uma equipe e lhe dão a energia necessária para seguir em frente.

Mostrar aos membros da equipe que você os aprecia, usando para isso a linguagem do tempo de qualidade, é uma ferramenta poderosa e ao mesmo tempo mal compreendida pelos gerentes. No passado, muitos supervisores interpretaram o anseio dos funcionários por tempo de qualidade como um desejo impróprio de fazer amizade ou de "se dar bem" com o chefe com o propósito de ter mais influência e receber favores. Nossa pesquisa indica que é raramente essa a atitude do empregado cuja principal linguagem da valorização pessoal é *tempo de qualidade*. Esse funcionário simplesmente quer sentir que aquilo que está fazendo é importante e que seu supervisor valoriza sua contribuição. São essas breves, mas genuínas, expressões de interesse naquilo que está executando que o faz sentir-se apreciado.

> As ocasiões em que se sente **mais valorizada** são quando o diretor-geral da escola aparece na sala dela e diz: **"Conte-me como vão as coisas"**.

Gestores cientes de que as pessoas têm diferentes linguagens da valorização pessoal vão descobrir que alguns membros da equipe precisam de tempo individual e de atenção para perceberem-se como parte importante da equipe. É um sábio investimento dar-lhes tempo de qualidade. Para esse tipo de colaborador, um pouco de tempo pode fazer muita coisa no sentido de ajudá-lo a sentir-se valorizado, conectado com o propósito maior da organização. Auxilia também na consolidação do compromisso necessário para a concretização de um projeto.

Jason é o gerente de uma clínica médica multidisciplinar. Ele é o responsável pelos aspectos administrativos da equipe, por pagamento de contas e assuntos relacionados às instalações. O grupo de dez médicos tem um médico líder, além de várias enfermeiras e outras pessoas de apoio. Jason sabe que a dra. Schultz equilibra uma atividade médica intensa, tarefas administrativas e a supervisão dos estagiários. Valoriza grandemente o tempo que a dra. Schultz reserva toda semana para se encontrar com ele a fim de tratar de suas questões e preocupações. Jason nos relatou: "Sei que a dra. Schultz é muito ocupada — ocupada demais. Mas ela sempre reserva um tempo para se reunir comigo praticamente todas as semanas. Se ela não o fizesse, sei que não me sentiria parte da equipe e acharia que as coisas que faço não são importantes para ela". Está claro que o investimento de tempo da dra. Schultz está rendendo muitos dividendos ao manter Jason motivado.

## O QUE É TEMPO DE QUALIDADE?

Por *tempo de qualidade* queremos dizer atenção total à pessoa. Não estamos falando apenas em estar fisicamente próximo do outro. Muitos de nós trabalhamos ao lado de colegas o dia inteiro, mas, no final do dia, podemos honestamente dizer: "Não tive tempo de qualidade com nenhum colega hoje". Como alguém poderia fazer tal declaração? Isso é possível porque o elemento-chave do tempo de qualidade não é a proximidade, mas a atenção pessoal.

Assim como acontece com as *palavras de afirmação*, a linguagem da valorização pessoal do *tempo de qualidade* também tem muitos dialetos. Um dos mais comuns é a *conversa de qualidade*, ou seja, o diálogo com empatia, no qual duas pessoas compartilham seus pensamentos, sentimentos e desejos em um contexto amigável e sem interrupções.

A conversa de qualidade é bastante diferente da linguagem da valorização pessoal das *palavras de afirmação*. Estas enfocam aquilo que estamos dizendo, enquanto as primeiras se concentram mais naquilo que estamos ouvindo. A conversa de qualidade significa que estou procurando criar um ambiente seguro no qual

> Podemos ser bons em **fazer discursos e dar instruções**, mas fracos **quando se trata de ouvir**.

você possa contar suas realizações, frustrações e sugestões. Eu farei perguntas não com o propósito de argumentação, mas com o desejo genuíno de entender as suas preocupações.

Muitos gerentes são treinados para analisar problemas e criar soluções. Em nossa atividade voltada à resolução de problemas, costumamos minimizar o aspecto da solução ligado ao relacionamento. Um relacionamento exige que se escute com empatia, com o propósito de entender o que se passa dentro da outra pessoa. Alguns gerentes são pouco treinados a ouvir. Podemos ser bons em fazer discursos e dar instruções, mas fracos quando se trata de ouvir. Aprender a ouvir pode ser tão difícil quanto aprender outro idioma, mas esse aprendizado é necessário se quisermos contar com empregados que se sintam apreciados. Isso é especialmente verdadeiro para o funcionário cuja principal linguagem da valorização pessoal é *tempo de qualidade*. Felizmente, vários livros e artigos foram escritos sobre o desenvolvimento da arte de ouvir. Não repetiremos o que está escrito em outros lugares, mas a seguir sugerimos algumas dicas práticas:

1. Mantenha contato visual. Resista à tentação de olhar na direção do teto, do chão, da janela ou da tela do computador. Manter contato visual evita que sua mente divague e comunica à outra pessoa que ela tem sua plena atenção.

2. Não faça outras coisas enquanto estiver ouvindo. Muitos de nós se orgulham da capacidade de exercer tarefas simultâneas. Embora essa seja uma característica admirável, ela não comunica interesse genuíno na outra pessoa. Lembre-se de que tempo de qualidade é dar a alguém sua atenção total. Se estiver fazendo algo de que não possa se afastar imediatamente, diga isso à pessoa que deseja conversar: "Sei que você quer falar comigo e estou muito interessado nisso. Mas quero lhe dar atenção plena. Não posso fazer isso neste momento, mas, se me der dez minutos para terminar o que estou fazendo, vou me sentar para ouvir você". A maioria das pessoas respeita tal pedido.

3. Ouça sentimentos e pensamentos. Enquanto estiver ouvindo, pergunte a si mesmo: "Que emoção a pessoa está experimentando?". Quando achar que tem uma resposta, confirme-a. Você pode dizer: "Parece-me que você está se sentindo desapontado e machucado por ter sido preterido na promoção. É isso mesmo?". Isso dá à pessoa a chance de esclarecer seus sentimentos. Também comunica que você está ouvindo atentamente aquilo que ela está dizendo.

4. Reconheça os sentimentos da pessoa ainda que você discorde das conclusões a que ela chegou. Somos criaturas

emocionais. Ignorar as emoções é desprezar uma parte significativa de nossa humanidade. Quando um gerente diz a um colega: "Posso entender seus sentimentos. Se estivesse no seu lugar, eu provavelmente sentiria a mesma coisa", então esse gestor está livre para dizer: "Deixe-me explicar como a decisão foi tomada". Pelo fato de ter reconhecido os sentimentos da pessoa, você agora é um amigo, e ela apresentará maior probabilidade de ouvir sua explicação.

5. Observe a linguagem corporal. Punhos fechados, mãos trêmulas, lágrimas, sobrancelhas franzidas e movimento rápido dos olhos podem lhe dar dicas da intensidade de sentimentos do interlocutor. Às vezes, a linguagem corporal transmite uma mensagem, enquanto as palavras manifestam outra. Peça esclarecimentos para se certificar acerca do que a pessoa está sentindo e pensando.

6. Resista à tentação de interromper. Pesquisas recentes indicaram que a pessoa comum ouve por apenas dezessete segundos antes de interromper e apresentar suas próprias ideias. Se eu lhe der total atenção enquanto você estiver falando, vou me abster de defender-me ou de lançar acusações sobre você ou de afirmar minha posição de maneira dogmática. A intenção é descobrir seus pensamentos e sentimentos, não me defender ou corrigir você. Minha meta é entendê-lo. O entendimento constrói relacionamentos positivos; a atitude defensiva cria inimigos.

Não estamos dizendo que não há espaço para que você compartilhe suas próprias ideias e seus sentimentos. Contudo, se você estiver tentando expressar apreciação ao passar um tempo de qualidade com um colega, o primeiro foco se dá sobre a compreensão dos pensamentos e sentimentos da pessoa. Tão logo você tenha ouvido bem, então poderá compartilhar sua perspectiva. Espera-se que, pelo fato de você ter ouvido bem a outra pessoa, ela também lhe dará atenção. Quando ambas as partes se ouvem com empatia, isso estimula e provoca sentimentos de apreciação no indivíduo cuja linguagem principal é *tempo de qualidade*.

Sandra, assistente administrativa de um gerente de vendas, comentou conosco: "Sei que Raphael é uma pessoa ocupada. Ele faz muitas coisas e está sempre correndo de um lado para o outro; mas, se ele me desse apenas quinze minutos de conversa concentrada e sem interrupções uma vez por semana, isso faria uma enorme diferença para mim". Sandra está clamando por conversa de qualidade. Sem isso, ela não se sente apreciada.

> Pelo fato de você **ter ouvido** bem a outra pessoa, ela também **lhe dará atenção**.

Um segundo dialeto do tempo de qualidade apresenta-se sob a forma de *experiências compartilhadas*. Para alguns empregados, compartilhar experiências com seus colegas é uma maneira importante de se sentirem conectados e encorajados. Para esses indivíduos, viajar juntos para congressos, sair para comer e frequentar eventos esportivos ou outras atividades nas quais tenham interesse podem ser uma parte importante de sua experiência de fortalecimento da equipe. Eles talvez não gostem de um bate-papo do tipo "sentar e conversar", mas sentem-se grandemente apreciados quando são convidados a participar de uma atividade com seu gerente ou seus colegas.

Sylvia Hatchell, técnica da equipe feminina de basquete da Universidade da Carolina do Norte, atribui o sucesso de suas equipes à compreensão que ela tem das cinco linguagens da valorização pessoal. "Se fico sabendo que a linguagem da valorização pessoal de uma das minhas meninas são *palavras de afirmação*, então procuro maneiras de lhe expressar incentivo verbal. Mas, se descubro que sua linguagem da valorização pessoal é *tempo de qualidade*, então vou convidá-la para ir à minha casa no sábado para lavarmos nossos carros juntas. Isso constrói um vínculo, e ela vai embora sabendo que de fato a aprecio como pessoa. Quando minhas meninas se sentem apreciadas, elas ficam altamente motivadas a dar seu melhor em quadra."

O desejo de dividir experiências é a base para retiros de líderes ou para a saída da equipe a fim de assistir a um evento esportivo. Nossa pesquisa indica que homens cuja principal linguagem da valorização pessoal é *tempo de qualidade* costumam preferir experiências compartilhadas em vez de longas conversas sentados na companhia uns dos outros. Esses homens tendem a construir relacionamentos ao fazer coisas juntos, como jogar *video game*, caçar, pescar, assistir a um jogo de futebol ou trabalhar juntos num mutirão de construção de casas para pessoas necessitadas. É claro que eles conversam uns com os outros enquanto realizam essas atividades, mas o que conta é que eles estão fazendo algo com seus colegas de trabalho, uma experiência que os faz relaxar ou contribuir para o benefício da comunidade.

Outro dialeto do tempo de qualidade é o *diálogo em grupos pequenos*. Algumas pessoas não se sentem confortáveis ao conversar individualmente com seu supervisor. Num grupo pequeno, porém, no qual o supervisor pede ideias e sugestões, essas pessoas se sentem menos intimidadas e será maior a probabilidade de elas compartilharem suas ideias. Se o supervisor ouvir atentamente e expressar apreciação pela franqueza dessas pessoas, elas se sentirão grandemente apreciadas.

Rick Reed, presidente de uma empresa de componentes aeroespaciais, disse: "Tenho trezentos funcionários e, a cada três meses, lidero sessões de audição de grupos pequenos nas quais lhes peço que sejam honestos comigo sobre o que poderia ser melhorado na empresa. Algumas de nossas melhorias mais significativas surgiram dessas audiências. Quero que meus funcionários saibam que valorizo suas ideias". Esse tipo de atenção concentrada — em que o líder não promove suas próprias ideias, mas busca ouvir o que pensam os membros de sua equipe — comunica um senso de valor aos empregados. Para aqueles cuja principal linguagem da valorização pessoal é *tempo de qualidade*, a importância de tal atenção concentrada é colossal.

> "Algumas de nossas **melhorias mais significativas** surgiram dessas audiências. **Quero que meus funcionários saibam que valorizo suas ideias.**"

Um quarto dialeto do tempo de qualidade é a iniciativa de *trabalhar fisicamente próximo de colegas para a realização de um projeto*. Descobrimos que esse dialeto é especialmente significativo em ambientes de voluntariado. A pesquisa indica que voluntários consideram sua experiência mais satisfatória quando estes dois componentes estão envolvidos: 1) eles acreditam que aquilo que estão realizando fará diferença e 2) suas contribuições são reconhecidas e valorizadas por outras pessoas. Isso costuma acontecer no contexto de trabalho fisicamente próximo de outros voluntários.

O forte terremoto no Haiti em 2010 gerou muitas oportunidades para que voluntários preparassem refeições de emergência para as famílias haitianas. Vários indivíduos investiriam uma ou mais horas montando *kits* de alimentação. Enquanto trabalhava na linha de montagem, um dos voluntários comentou: "Isso é ótimo. Não apenas ajudo as famílias no Haiti, como também trabalho junto de outras pessoas. O trabalho em equipe sempre deixa as coisas mais agradáveis para mim". Esse voluntário trabalhou mais horas que a maioria. Se lhe fosse pedido para montar marmitas sozinho num armazém, nosso palpite é que ele teria trabalhado por um número de horas expressivamente menor. O fato de o trabalho ocorrer bem perto de outras pessoas tornou aquela experiência muito mais valiosa para ele.

Eu (Gary) estive em Warwick, no estado norte-americano de Rhode Island, duas semanas depois de ter havido uma grande inundação ali. Almocei com voluntários que trabalhavam para uma organização sem fins lucrativos. Eles estavam arrancando carpetes e paredes de *drywall* de casas que haviam sido inundadas. Estavam suados, sujos e cansados, mas sentiam-se cheios de energia pelo fato de fazerem parte de uma equipe que trabalhava unida para ajudar as vítimas da enchente.

No mundo corporativo é comum falar em trabalho em equipe, mas as atividades nem sempre são executadas por indivíduos fisicamente próximos uns dos outros. Cada pessoa ou grupo lida com uma etapa particular do projeto e pode trabalhar isoladamente, sem muita interação com os colegas. Ainda que essa possa ser a maneira mais eficiente de se alcançar um objetivo, ela não satisfaz a necessidade do indivíduo cuja linguagem da valorização pessoal é *tempo de qualidade*. Quando atuam em proximidade com colegas de trabalho, esse tipo de funcionário tem oportunidade de se envolver em conversas com outros companheiros. É essa experiência, combinada com a realização de algo digno, que faz com que esse indivíduo se sinta profundamente apreciado.

Há muitos cenários nos quais gerentes e subordinados podem expressar apreciação ao falar a linguagem do *tempo de qualidade*. Em nossas consultorias em várias empresas e organizações, verificamos entre os funcionários as diferentes maneiras pelas quais eles valorizam a passagem de tempo tanto com colegas quanto com supervisores. Veja a seguir algumas atividades específicas que eles compartilharam conosco:

- Almoçar juntos para conversar sobre questões de trabalho.
- Almoçar juntos apenas por diversão.
- Dar uma passada na sala do outro e perguntar como andam as coisas.
- Conversar um pouco durante a hora do almoço.
- Divertir-se com a equipe no final do dia.
- Promover um encontro da liderança fora do ambiente de trabalho.
- Reunir-se para assistir a eventos esportivos.
- Jantar juntos, levando cônjuges ou parceiros.
- Telefonar de vez em quando, apenas para bater papo.

Nesses e em muitos outros cenários, são abundantes as oportunidades para se falar a linguagem do *tempo de qualidade*. Se essa é a principal linguagem da valorização pessoal de uma pessoa, esse indivíduo vai se alegrar muito quando receber esse tipo de atenção. Contudo, quando essa linguagem não é falada, a tendência é haver desânimo e decepção. O tempo investido em falar essa linguagem da valorização pessoal pode muito bem significar a diferença entre um empregado motivado e aquele que simplesmente faz o que é necessário.

## Variáveis importantes: quem e onde

Conforme trabalhamos com empresas, recebemos informações importantes e consistentes de funcionários que não faziam parte da gerência. Existe uma clara diferença entre o que os empregados desejam de seu supervisor e o que desejam de seus colegas de trabalho. "A questão do tempo de qualidade é difícil para mim", disse Holly, "porque depende de você estar falando de tempo com meu supervisor ou com meus colegas. Embora eu goste do meu supervisor — ele é uma ótima pessoa —, há certas coisas que estimo fazer com meus colegas e que seriam esquisitas se eu fizesse com ele". Muitos funcionários fariam eco aos sentimentos de Holly.

Nós recebemos esse comentário e o incorporamos ao Inventário de Motivação através da Valorização Pessoal, permitindo, assim, que as pessoas indiquem se a atividade é algo que elas gostariam de fazer com seus colegas, com seu superior ou potencialmente com ambos. Cremos que isso torna o inventário muito mais valioso tanto para supervisores como para subordinados.

Quando discutimos os resultados do inventário com uma equipe de supervisores de produção, outra questão importante foi levantada: *quando* falar a linguagem do *tempo de qualidade?* Phil, um gerente relativamente direto, na casa dos 40 anos de idade, disse: "Preciso ser honesto com você. Tempo de qualidade é provavelmente minha principal linguagem da valorização pessoal, e gosto muito de me divertir com meus amigos. Mas tempo é o meu recurso mais valioso. Tenho três filhos e uma esposa, e eles vêm em primeiro

> "Eu adoraria ir a um jogo com meus colegas, **mas meu compromisso com minha família vem primeiro**".

lugar. Eu adoraria ir a um jogo com meus colegas, mas meu compromisso com minha família vem primeiro. Portanto, quando passo algum tempo com o pessoal da empresa, normalmente tratamos de algo ligado ao dia de trabalho". Isso levou a uma saudável discussão sobre maneiras de passar tempo de qualidade com colegas de trabalho durante o expediente (talvez incluindo breves encontros antes ou depois do trabalho).

### Errando o alvo: "Estou aqui, não estou?"

Às vezes, todos nós tentamos realizar tarefas simplesmente por fazer. Infelizmente, isso pode incluir passar tempo com os colegas de trabalho.

Esse cenário não é incomum. Em muitas corporações há o costume de se reunir toda a equipe para comer uma sobremesa num restaurante sempre que um dos membros do grupo é promovido ou transferido para outro departamento dentro da organização. Todo mundo aparece fisicamente, mas é comum perceber que nem todos estão ali psicologicamente falando. Isso pode ser evidenciado quando alguém chega atrasado, não interage com as pessoas, faz críticas ao restaurante e, de modo geral, transpira mau humor. A maioria está pensando a mesma coisa: "Por que você veio? Não precisamos de um desmancha-prazeres em nossa festa".

Passar tempo de qualidade com outras pessoas exige uma atitude positiva. Quando você faz algo com ressentimento, como se fosse apenas uma obrigação, a mensagem enviada aos colegas não é "Você é valorizado", mas, pelo contrário, "Tenho coisas mais importantes para fazer do que estar aqui com você". Além disso, comunicar a ideia de que se está com pressa (ao olhar constantemente para o relógio), permitir-se ser interrompido pelo celular ou responder a um torpedo não demonstra que se valoriza os outros. A apreciação genuína sempre exige sinceridade.

## DEDICADO NO TRABALHO, DEDICADO NO LAZER

Dario é bastante dedicado — pergunte a quem trabalha com ele. Tudo o que ele faz, o faz com empenho. Ele se dispõe a trabalhar sozinho, a colaborar com outros membros da equipe ou a liderar um grupo e delegar para que o trabalho seja realizado. Darin não apenas trabalha duro; ele se diverte bastante. Quando não está trabalhando, ele é cheio de energia, sempre contando histórias e rindo, fazendo exercícios (ele corre e anda de bicicleta) e envolvendo-se em diversos *hobbies*.

Quando Darin completa seu trabalho, ele está pronto para "fazer alguma coisa" com seus colegas. Nada o agrada mais do que ter ao seu lado seu supervisor, seu gerente ou seus parceiros do escritório. Ele adora assistir a jogos de futebol, vôlei e basquete ou sair para pescar. Ele adora estar ao ar livre e, independentemente do que esteja fazendo, gosta de fazê-lo junto com outras pessoas.

Darin gosta especialmente de ser convidado por outras pessoas para se envolver naquilo que elas estão fazendo. Quando seu chefe ou um colega o convida para jogar bola no fim de semana, para ir a um churrasco ou para correrem juntos, ele sente que é uma parte valorizada da equipe. *Tempo de qualidade* é a principal linguagem da valorização pessoal de Darin.

Demonstrações de apreço passando tempo com aqueles com quem você trabalha podem assumir diferentes formas, e o impacto sobre os membros da equipe pode ser significativo. Se a principal linguagem da valorização pessoal daqueles indivíduos for *tempo de qualidade*, seu investimento receberá enormes dividendos. É o melhor investimento que você pode fazer na vida daquela pessoa.

## LEVANDO PARA O LADO PESSOAL

1. Numa escala de 0 a 10, quão importante é para você passar tempo de qualidade com seu supervisor? E com seus colegas de trabalho?

2. Se você sentisse que seu supervisor de fato gostaria de ouvir suas ideias, quais sugestões você faria?

3. Quando tem tempo livre com seus colegas de trabalho, você costuma perguntar sobre os interesses pessoais deles? Você gostaria que eles perguntassem sobre os seus interesses?

4. Você teve uma "conversa de qualidade" com algum colega na semana passada? Como você se sentiu ao final do encontro?

5. Você prefere dialogar num grupo pequeno ou ter uma conversa pessoal com seu supervisor? E em relação aos seus colegas de trabalho?

6. Se você ainda não terminou de preencher seu Inventário de Motivação através da Valorização Pessoal, talvez queira fazê-lo nesta semana.

7. Considere a ideia de sugerir que todo o seu grupo preencha o inventário. Depois, quando os resultados forem apresentados, incentive as conversas.

Palavras de afirmação

Tempo de qualidade

# Atos de serviço

Presentes

Toque físico

# 5

## Atos de serviço

Margaret Hartman (carinhosamente chamada de Maggie por seus amigos) é um furacão — o tipo de pessoa trabalhadora que você quer na sua equipe. Ela tem muita energia, trabalha com afinco e é bastante eficiente. É líder e consegue fazer com que seus amigos se animem para a realização de um projeto.

Maggie não trabalha em busca de elogio ou de reconhecimento. Ela tem uma atitude afetuosa e basicamente gosta de trabalhar e ver tarefas cumpridas. Portanto, na verdade, elogiá-la ou falar de suas realizações não é algo que a motive.

O que realmente incentiva Maggie é o momento em que alguém aparece e a ajuda a fazer as coisas. Ela se vê como "tecnicamente desafiada" e especialmente valorizada quando alguém a ajuda com um trabalho mais elaborado executado no computador. Ela tem apenas 1,5 metro de altura e, por isso, outra ocasião na qual se sente grandemente reconhecida é o momento em que seus colegas a ajudam a pegar as coisas que estão na prateleira de cima. Quando está correndo de um lado para o outro e lidando com uma variedade de tarefas ao mesmo tempo, Maggie se sente muito encorajada quando um colega lhe pergunta: "Há algo que eu possa fazer para ajudar?".

Naquelas raras ocasiões em que Maggie está atrasada e se sente pressionada, se seu supervisor toma a iniciativa de ajudá-la pessoalmente ou decide realocar outros colegas para ajudá-la, ela se sente genuinamente encorajada. Isso é especialmente verdadeiro se a assistência for dada sem que seja solicitada. A principal linguagem da valorização pessoal de Maggie consiste em *atos de serviço*. Quando outras pessoas aparecem para ajudar, ela se sente apreciada.

Para pessoas como Maggie, demonstrar apreço por meio de atos de serviço comunica atenção. Esses indivíduos têm a seguinte perspectiva: "Não me diga que você se importa; mostre-me". Para eles, as ações falam mais alto que as palavras. Portanto, dar-lhes um presente ou fazer elogios verbais costumam ser atitudes recebidas com indiferença. Seu pensamento é: "Uma pequena ajuda é o que seria realmente útil".

Embora em nossa cultura muitas pessoas sejam motivadas a se envolverem em projetos sociais, a ideia de servir alguém no mundo do trabalho é um conceito estranho para elas. Parte disso se explica pelo clima individualista que existe dentro de muitos ambientes profissionais. Funções, tarefas e responsabilidades são claramente delineadas. Ainda que concordemos com isso e apoiemos a necessidade de os trabalhadores serem cobrados por aquilo pelo que são responsáveis, também acreditamos que o coleguismo no ambiente de trabalho — a ajuda mútua

> O coleguismo no ambiente de trabalho — **a ajuda mútua entre os membros da equipe** — faz que **as empresas sejam mais bem-sucedidas.**

entre os membros da equipe — faz com que as empresas sejam mais bem-sucedidas.

Quando nosso foco é "estar na frente" em termos pessoais ou alcançar determinado objetivo, seja qual for o impacto que isso tenha sobre os outros, a tensão interna costuma sabotar o crescimento. A verdadeira liderança exige uma disposição de servir aos outros — sejam nossos clientes ou nossos colegas. Quando o grupo sabe que alguém está trabalhando com tanto empenho quanto possível e, ainda assim, está atrasado, pode ser extremamente animador para o funcionário e para a equipe como um todo se um colega ou gerente ajudar esse trabalhador a realizar a tarefa.

Eu (Paul) trabalhei certa vez num escritório no qual determinado número de pessoas se reuniu para produzir os *slides* de uma apresentação extensa e complexa. Para completar a tarefa, foi necessário o esforço combinado de conselheiros da área financeira, projetistas gráficos, pessoas capazes de produzir textos técnicos, profissionais de computação e assistentes administrativos. Tínhamos um grande volume de material a ser apresentado na manhã seguinte, que incluía telas em PowerPoint e grande quantidade de impressos a serem distribuídos em pastas. Estávamos atrasados, mas todos os membros da equipe, incluindo o presidente da empresa, ficaram até tarde para concluir a tarefa. Foi uma experiência que incrementou nosso senso de equipe. Cada indivíduo se sacrificou em benefício do todo. Tivemos uma profunda satisfação quando a tarefa foi completada. (Também percebemos que não queríamos repetir a experiência, de modo que reavaliamos nossos procedimentos para garantir que aquilo não acontecesse de novo.)

## COMO SERVIR COM EFICIÊNCIA

Prover ajuda a um colega é uma poderosa mostra de reconhecimento, especialmente ao indivíduo cuja linguagem da valorização pessoal mais importante são *atos de serviço*. Tais atos normalmente serão vistos como benéficos. Contudo, várias estratégias podem tornar o processo mais eficiente.

*Certifique-se de que suas próprias responsabilidades serão cumpridas antes de se oferecer para ajudar outras pessoas.* Algumas pessoas estão de tal modo interessadas em ajudar os outros que tendem a "abandonar o posto" (para usar um conceito militar) e deixar incompleto seu próprio trabalho. Isso é análogo ao aluno que quer ajudar outros a fazerem o dever de casa, mas não termina seu próprio dever. Embora isso possa ser visto como um ato nobre, não dará ao aluno as notas necessárias para que seja aprovado no final do ano.

No ambiente de trabalho, a maioria das tarefas está interligada. Quando uma atividade não é concluída, todo o processo é prejudicado. A boa intenção de ajudar um colega pode ser vista como desvio das próprias responsabilidades. Em contrapartida, um funcionário pode concluir sua tarefa antes dos outros. Quando ele usa o tempo como uma oportunidade para ajudar um colega em vez de parar para descansar, tal atitude provavelmente será vista como um sincero ato de serviço.

*Pergunte antes de ajudar.* Quando estiver considerando a ideia de ajudar um colega, sempre é muito importante perguntar primeiro. Mesmo quando sabe que a linguagem da valorização pessoal de uma pessoa são *atos de serviço*, você precisa antes verificar se ela gostaria de receber ajuda. Se você se prontificar a ajudar numa tarefa quando um colega não quer auxílio, em vez de incentivo, isso pode criar tensão.

Um funcionário disse: "Normalmente gosto da ajuda de um colega, mas em certas situações prefiro trabalhar sozinho. Se alguém quiser me ajudar, eu preferiria que essa pessoa simplesmente perguntasse 'Você quer que eu o ajude com isso?'. Eu ficaria muito feliz em dar uma resposta honesta". Se você quer que seus atos de serviço sejam recebidos como uma mostra de apreciação, é sempre melhor perguntar antes de ajudar.

*Sirva voluntariamente.* Para que um ato de serviço seja encorajador para um colega, a ação precisa ser oferecida voluntariamente. Um ato de serviço realizado debaixo da pressão de um supervisor deixa de ser uma mostra de apreciação; torna-se simplesmente um ato de obrigação ou de obediência. Se um supervisor deseja que alguém ajude um membro da equipe a completar uma tarefa, o processo muito provavelmente será eficiente se o supervisor fizer um pedido em vez de uma exigência. "Anita, você se importaria em ajudar Mary a finalizar esse projeto? Realmente precisamos que ele seja concluído hoje; não estou bem certo de que ela conseguirá terminá-lo sem ajuda". Anita está agora livre para dizer "Ajudarei com o maior prazer" ou "Se você quiser, posso ir, mas, da última vez que a ajudei, senti como se ela estivesse se aproveitando de mim". Diante disso, o supervisor tem uma opção. Ele pode pressionar Anita a ajudar e, assim, transformar o auxílio num ato de obediência, ou pode dizer "Tudo bem. Obrigado por ter me contado isso. Vou pedir a outra pessoa". Ele pode, então, procurar algum ajudador que esteja disposto. Também possui informação valiosa sobre a dinâmica relacional entre Anita e Mary. Se um ato de serviço se destina a expressar apreciação genuína, ele deve ser feito voluntariamente.

*Analise sua atitude.* Existe um provérbio antigo que diz: "O trabalho realizado com uma atitude alegre é como chuva caindo sobre o deserto". Cremos que o oposto também é verdadeiro: o trabalho realizado com uma atitude negativa é como um furacão sobre o deserto. Não é animador receber ajuda de alguém que está irritado ou que lamenta ter de ajudar. A maioria das pessoas preferiria executar a tarefa sozinha a ter de trabalhar com um colega que tem uma atitude negativa. Quando optar por ajudar um colega, certifique-se de que você é capaz de realizar a tarefa com uma atitude positiva e alegre.

> Quando optar por **ajudar um colega**, certifique-se de que você é capaz de realizar a tarefa **com uma atitude positiva e alegre**.

*Se é para ajudar, faça do jeito da outra pessoa.* As pessoas cuja personalidade tende ao perfeccionismo resistem à ajuda de colegas porque sabem que eles não farão o trabalho de maneira que lhes satisfaça. Portanto, quando for ajudar um colega, é importante que fique claro o modo como ele quer que a tarefa seja feita. Se você quer que seus esforços sejam apreciados, então precisa estar disposto a fazê-lo de forma tal que o indivíduo a quem você está ajudando sinta que a tarefa foi realizada "do jeito certo". Antes de começar a ajudar, talvez você deva perguntar: "Como você quer que eu faça isso?".

Esta questão é repetidamente reforçada por um grupo bastante comum de funcionários: os assistentes administrativos. Não importa se eles trabalham para o diretor de uma escola, para um agente de seguros ou para o presidente de uma empresa de construção: quando nos ouvem falar sobre o princípio "Faça do jeito deles", a reação é intensa, com olhos virando para cima, gritos de "Vocês estão totalmente certos!" e cabeças balançando em sinal de frustrado consentimento. Muitas vezes ouvimos: "Se a pessoa não vai fazer do jeito que eu quero, prefiro realizar a tarefa sozinho".

*Termine o que você começou.* Para as pessoas para quem os atos de serviço são importantes, uma maneira de *não* incentivá-las é começar a tarefa e, então, deixá-la incompleta. Se você vai "ajudar", certifique-se de que vai terminar a tarefa. Certa vez, eu (Gary) recebi a oferta de ajuda de uma colega para arrumar minha biblioteca. Fiquei animado. Pensei: "Finalmente serei capaz de localizar um livro quando precisar dele". Contudo, meu entusiasmo teve vida curta quando, no meio da tarefa, minha "boa samaritana" me informou que, por conta de suas responsabilidades, não poderia concluir o projeto. Desde aquele dia, ainda tenho dificuldades para encontrar os livros que estou procurando.

Mas existe uma exceção a esse princípio: antes de começar, diga quais são os limites do seu tempo. Você pode dizer: "Tenho duas horas na tarde de sexta-feira e gostaria de dedicá-las a ajudar na organização das caixas no depósito. Não estou certo de que conseguirei concluir a tarefa, mas, se você quiser, estou disposto a investir aquelas duas horas em pelo menos dar início ao trabalho". Se a pessoa a quem você está tentando ajudar aceitar sua oferta limitada, ela provavelmente terá visto sua atitude como um genuíno ato de serviço.

Christie, supervisora de uma empresa de componentes elétricos, relatou recentemente, em uma de nossas sessões de treinamento no método *motivação através da valorização pessoal*, que uma de suas colegas havia realizado um significativo ato de serviço. Christie estava ao telefone conversando com um de seus vendedores e disse que não tinha certeza de que conseguiria dar entrada e processar todos os pedidos até o final do dia porque estava muito atarefada. Quando desligou, sua colega foi até ela e disse: "Estava passando e ouvi seu comentário sobre o excesso de tarefas que precisa realizar. Há algo que eu possa fazer para adiantar o trabalho? Poderia ajudar com alguma coisa na hora do almoço". Elas trabalharam juntas na hora do almoço para dar conta da pilha de papéis, e Christie comentou: "Aquela moça não precisava fazer aquilo; ela trabalha num departamento diferente e não era seu trabalho, mas aquilo *realmente* me animou".

## ESCRITÓRIOS, LINHAS DE MONTAGEM
### E OUTROS AMBIENTES

De fato, a maneira como você "dá uma mão" a um colega está ligada à situação. Depende do seu ambiente de trabalho. Um consultório médico, o depósito de uma entidade beneficente ou um escritório tradicional tem, cada um, sua própria lista de *atos de serviço* que podem ser úteis. O tipo de ajuda que você dá também é influenciado pela função do membro da equipe que o recebe. Um ato de serviço em particular que você realiza pode ser diferente quando é oferecido a um assistente administrativo, ao chefe do departamento ou a um membro da equipe com responsabilidade equivalente à sua.

Empresas de manufatura e linhas de montagem criam desafios singulares na utilização de *atos de serviço* como linguagem da valorização pessoal. Ao trabalhar com supervisores de chão de fábrica em empresas de produção, a questão de dar uma mão aos trabalhadores que estão atrasados na linha de montagem é um dilema complicado. Por um lado, os supervisores não devem "resgatar" um trabalhador que não esteja levando sua carga. Por outro lado, há momentos em que o processo de produção ainda não foi totalmente refinado e ocorrem gargalos nos quais certos procedimentos levam mais tempo que outros. Parte do papel do supervisor de produção é identificar esses gargalos e realocar recursos (trabalhadores, máquinas, suprimentos) para a área que está causando atrasos. Nesse ambiente, providenciar trabalhadores extras para ajudar não é de fato um ato de serviço; é apenas bom gerenciamento.

Observamos supervisores de chão de fábrica ajudando por breves períodos de tempo (cinco a dez minutos), trabalhando ao lado dos membros de sua equipe para ajudar os funcionários da linha de montagem a entrar no ritmo e não se sobrecarregarem. Quando esse serviço é acompanhado de comentários como "Vocês estão fazendo um bom trabalho. Sei que estão dando tudo o que podem. Vamos consertar isso para que a linha possa fluir mais tranquilamente", tal atitude pode ser um grande encorajamento para os membros do grupo.

## COMO AJUDAR: SUGESTÕES PRÁTICAS

Em decorrência de nossa experiência com uma variedade de empresas e organizações, recebemos exemplos de ações específicas (mostrados a seguir) a serem realizadas por supervisores e subordinados que pretendam incentivar outras pessoas:

- Ficar até mais tarde para ajudar alguém a concluir um projeto.
- Oferecer-se para fazer alguma tarefa mais humilde para que a outra pessoa possa se concentrar em prioridades maiores.

88 AS CINCO LINGUAGENS DA VALORIZAÇÃO PESSOAL NO AMBIENTE DE TRABALHO

- Candidatar-se a fazer um trabalho que um colega não gosta.
- Ajudar alguém a tornar seu computador mais eficiente.
- Auxiliar um colega na limpeza de um equipamento no final do dia.
- Levar comida a um colega ou à equipe quando tiverem de trabalhar muitas horas para concluir um projeto.
- Estender a atuação da equipe de apoio para que um colega consiga organizar sua papelada.

Quando se sabe que a principal linguagem da valorização pessoal de um colega são *atos de serviço*, descobrir que tipo de serviço lhe é mais significativo pode ser tão fácil quanto fazer a pergunta: "Há algo que eu possa fazer por você que facilite seu trabalho?". A resposta dele pode ser surpreendente, mas você terá uma informação valiosa sobre como pode expressar apreciação mais eficientemente àquele indivíduo em particular.

### ERRANDO O ALVO: SERVIÇO DE MÁ VONTADE

Conforme mencionamos anteriormente, a maneira mais comum de errar o alvo ao expressar apreciação por meio do serviço realizado aos outros é executá-lo com uma atitude negativa. Se a pessoa que recebe o serviço sentir ressentimento ou perceber que você está realizando a tarefa com má vontade, sua presença provavelmente será desestimuladora em vez de servir de encorajamento.

> Não se esqueça de **analisar sua atitude** antes de **oferecer ajuda a um colega**.

As pessoas para quem os atos de serviço são importantes não querem apenas concluir a tarefa; elas valorizam o fato de aqueles que as ajudam terem uma atitude alegre e um espírito disposto a sacrificar-se. Não se esqueça de analisar sua atitude antes de oferecer ajuda a um colega. Deixe de lado quaisquer sentimentos de estresse, relutância ou obrigação do lado de fora antes de apresentar-se para ajudar alguém. Os atos de serviço sinceros devem surgir de um esforço genuíno para auxiliar outras pessoas.

## JIM JOHNSTON: APRECIAÇÃO EM AÇÃO

Jim é o tipo de homem que fica na dele — nada de exibicionismo, o tipo de pessoa que você não destacaria no meio de uma multidão. Mas ele está sempre "lá". Na organização sem fins lucrativos em que atua como voluntário, Jim nunca é o líder ou a pessoa que está "lá na frente". Contudo, ele sempre é um dos primeiros a chegar no domingo pela manhã para ajudar na preparação do café para os moradores de rua que procuram o abrigo. Se choveu, ele aparece ainda mais cedo para secar o piso na entrada do prédio. Normalmente ele realiza as tarefas que exigem força física, que consomem muito tempo e que não são muito agradáveis para a maioria das pessoas. Ele lava as panelas e frigideiras depois do café, varre o refeitório e dirige o furgão para pegar comida no centro de distribuição.

Jim não espera ganhar elogios. Ele vive de modo simples e de fato não dá valor às "coisas". Ele também não gosta de sair para comer ou realizar atividades especiais com outras pessoas. Ele prefere trabalhar sozinho. Tentar manter conversa com ele o faz sentir-se desconfortável.

Contudo, quando o coordenador de voluntários aparece numa manhã de sábado para trabalharem juntos — cozinhando, servindo a comida e limpando a cozinha depois de tudo (sem puxar muita conversa) —, Jim sabe que seu supervisor valoriza e aprecia seu trabalho. Jim não quer que os outros digam "Obrigado". Ele gosta de "ver" a apreciação ao notar pessoas ajudando-o a realizar suas tarefas. Isso é importante para ele. Está bem claro que sua principal linguagem da valorização pessoal são *atos de serviço*.

Demonstrar sua apreciação por aqueles com quem você trabalha através do serviço realizado a eles pode ser uma maneira bem discreta, ainda que eficiente, de encorajá-los. Se *atos de serviço* são a linguagem da valorização pessoal de uma pessoa, então ela se sentirá energizada quando colegas se voluntariarem para ajudá-la. Quando se sentirem apreciadas, elas ficarão profundamente motivadas a continuar usando as habilidades que possuem em benefício da organização.

## LEVANDO PARA O LADO PESSOAL

1. Numa escala de 0 a 10, quão importantes são para você os atos de serviço?
2. Cite um ato de serviço que alguém realizou para você na semana passada. Como você se sentiu diante disso?
3. Mencione um ato de serviço que você realizou para um colega de trabalho na semana passada. Como você acha que ele se sentiu diante disso?
4. Se você é gerente, considere fazer a seguinte pergunta a alguém que você supervisiona: "Há alguma coisa que eu possa fazer por você que torne seu trabalho mais fácil?". Se você puder atender ao pedido, por que não fazê-lo?
5. Considere fazer a mesma pergunta a um colega.
6. Funcionários que ajudam uns aos outros criam um clima de trabalho positivo e encorajador que beneficia todos. Nesta semana, procure oportunidades para ajudar um colega de trabalho.

Palavras de afirmação
Tempo de qualidade
Atos de serviço
Presentes
Toque físico

# 6

# Presentes

John gosta de seu trabalho. Ele é o gerente operacional de uma fábrica que produz equipamentos esportivos — chuteiras e caneleiras para futebol, luvas para boxe, capacetes e joelheiras para ciclistas, entre outros itens. Com o passar dos anos, ele saiu do posto de operador de máquinas para o de supervisor de turno, depois tornou-se chefe de departamento e, há cinco anos, é gerente de operações.

John trabalha há bastante tempo para essa fábrica, uma empresa familiar, e é considerado um leal empregado. Tem um bom salário e, de maneira geral, gosta do que faz. Ele aprecia os brados de "É isso aí!" e as batidas de mão aberta que troca com seu chefe quando a produção segue a contento.

Mas o que realmente faz John sentir-se valorizado é o momento em que seu chefe compartilha com ele alguns dos ingressos para eventos esportivos que a empresa recebe. Duas ou três vezes por ano ele ganha ingressos para ver alguns dos times locais jogarem. Em especial, ele gosta de assistir aos jogos finais de campeonatos de futebol.

Do ponto de vista dos donos da empresa, esses ingressos não são grande coisa, mas, para John, é significativo poder ir a um jogo com seu filho ou com alguns amigos. Uma vez que não é comum os proprietários distribuírem ingressos para pessoas que não sejam membros da família, o fato de eles o presentearem com as entradas para os jogos faz com que ele se sinta verdadeiramente apreciado. Obviamente, a principal linguagem da valorização pessoal de John consiste em *presentes*.

### O PODER DOS PRESENTES

Dar o presente certo para uma pessoa que aprecia recompensas tangíveis pode significar uma poderosa mensagem de agradecimento, apreciação e encorajamento. Do mesmo modo, alguém que não aprecia ganhar mimos materiais é pouco impactado por ações desse tipo; o presente errado pode até mesmo gerar uma ofensa. O desafio de dar o presente certo para a pessoa certa é uma das principais razões pelas quais muitos empregadores não dão mais presentes de Natal, de tempo de trabalho ou de aniversário. Contudo, eliminar totalmente a oferta de presentes como expressão de apreciação faz com que muitos empregados não se sintam apreciados.

Julie, que gerencia um consultório dentário, disse: "O elogio verbal é bom. Quanto ao *tempo de qualidade*, de fato não faço questão de passar um tempo com a maioria das pessoas do trabalho (com exceção de um casal de amigos próximos). Ver alguém vir ao meu encontro para me ajudar em minhas tarefas também não me faz sentir apreciada. Contudo, dar-me um vale para comer num bom restaurante ou oferecer-me ingressos para o teatro, ah, isso é algo especial para mim".

Quando apresentamos o conceito de mostrar apreciação pelos funcionários por meio de presentes, os olhos de muitas pessoas se iluminam e elas dizem: "Sim. Mostre-me o dinheiro!". Mas não estamos falando de aumentos ou bônus. Certamente, a maioria das pessoas gostará de receber um aumento salarial ou um dinheiro extra, mas, em muitos ambientes de trabalho, essa não é uma opção realista.

A compensação financeira normalmente está diretamente ligada à descrição de cargo e ao cumprimento de um nível de desempenho em relação ao qual se concordou anteriormente. Além disso, a maioria das organizações não pode se dar ao luxo de recompensar o desempenho de bons funcionários com bônus financeiros que crescem com o passar do tempo. Lembre-se: um aumento é incorporado ao salário a partir da data em que é concedido. Na economia de hoje, a maioria dos empregados não espera por um grande aumento; eles estão agradecidos pelo simples fato de ter um emprego. Contudo, ainda desejam sentir-se apreciados. Em ambientes de voluntariado, como o trabalho em organizações sem fins lucrativos, em uma igreja local ou servindo alimento a moradores de rua, o ato de dar presentes monetários aos voluntários normalmente não é adequado. Não parece justo dar aos voluntários um cartão de agradecimento com uma nota de 50 reais dentro dele quando se está servindo uma refeição de Natal para famílias de desabrigados. O foco dessa linguagem da valorização pessoal está basicamente em presentes não monetários.

> A maioria das organizações não pode se dar ao luxo de **recompensar o desempenho de bons funcionários** com bônus financeiros que crescem **com o passar do tempo**.

## PRESENTES: O QUE E PARA QUEM

Existem dois componentes fundamentais para que as recompensas materiais sejam verdadeiramente encorajadoras para aqueles que as recebem.

*Em primeiro lugar, você precisa basicamente dar presentes àquelas pessoas que os apreciam.* Se receber presentes é a linguagem da valorização pessoal menos importante de um funcionário, então você terá melhor êxito se falar a linguagem da valorização pessoal daquela pessoa. Ainda que o presente seja extremamente importante para alguns indivíduos, ele fornece muito pouca afirmação para outros. A mensagem deste livro é que, se você quer que os empregados se sintam apreciados, deve falar a linguagem da valorização pessoal de cada um deles individualmente. Se essa linguagem se valer de presentes, então você desejará dar o tipo de presente que lhes seja significativo.

Se você decidir comprar um presente de Natal para os membros de sua equipe, alguns deles valorizarão o regalo mais do que outros. Você poderá até mesmo descobrir que alguns vão passar aquele mimo para outra pessoa por se tratar de algo que não julga significativo. Na condição de quem dá o presente, você pode achar que seus esforços foram um desperdício de tempo e dinheiro. É muito melhor identificar os membros da equipe cuja linguagem principal ou secundária da valorização pessoal sejam *presentes* e, então, encontrar o item certo para eles.

*O segundo componente importante para uma demonstração eficiente de apreciação por meio de* presentes *é este: você deve oferecer algo que a pessoa valorize.* Dois ingressos para o balé não farão com que dois rapazes se sintam animados e alegres. A ideia de se sentar numa arquibancada gelada em uma tarde de domingo diante de um jogo de futebol profissional vai literalmente fazer muitas mulheres tremerem só de pensar na situação. Contudo, se você conseguir doar os ingressos para o balé com uma pessoa que goste desse tipo de dança, então terá expressado apreciação de uma maneira pela qual ela vai se lembrar por muito tempo. O mesmo é verdadeiro em relação aos ingressos para o jogo de futebol. Se você é gerente, pode estar pensando: "Isso é muito difícil. Não tenho tempo para descobrir quem gosta do quê. Portanto, é mais fácil não dar presente algum". Entendemos a frustração, mas chegar a essa conclusão fará com que alguns funcionários se sintam profundamente desprezados.

A importância de oferecer o presente certo para a pessoa certa é a razão pela qual criamos a lista de ações para o Inventário de Motivação através da Valorização Pessoal. Embora seja bom saber que a linguagem principal ou secundária de um indivíduo são *presentes*, isso ainda deixa a pessoa que oferece o agrado num dilema sobre qual item dar.

Contudo, quando um supervisor sabe quais presentes seriam valorizados por um funcionário, ele tem a informação necessária para expressar-lhe apreciação. Descobrimos que os gerentes estão ansiosos para investir tempo, esforços e dinheiro a fim de conseguir um presente quando sabem que isso será significativo para um colaborador. A lista de ações elimina a necessidade de adivinhar o que deve ser ofertado.

## MAIS DO QUE UMA CANECA

Aqueles que não entendem o verdadeiro espírito da doação de presentes costumam errar o alvo em suas tentativas de agradar as outras pessoas com regalos materiais. Eles não compreendem que não se trata apenas de receber um presente. Em vez disso, esse tipo de linguagem é eficiente quando o item ofertado mostra que aquele que presenteia gastou tempo e energia pensando no que comprar. Quem presenteia precisa antes responder a perguntas como: "Do que essa pessoa gosta? Quais são seus interesses? O que a faria sentir-se especial e apreciada?".

Do mesmo modo, presentes impensados — comprados apressadamente em resposta à tradição ou a um sentimento de obrigação — sem investimento pessoal verdadeiro ou reflexão não apenas erram o alvo, como também comunicam uma mensagem negativa. O presente parece ser um ato superficial, não uma expressão verdadeira de apreciação. Tais "agrados" fazem pouco para melhorar os relacionamentos. Muitas empresas dão canecas, calendários, canetas com informações institucionais ou presentes similares aos seus clientes ou consumidores. Embora essa possa ser uma boa forma de publicidade, normalmente tais coisas não são vistas como presentes de apreciação. Se você quer que um cliente se sinta apreciado, é muito melhor dar-lhe algo que você sabe de que ele gostaria. É necessário haver mais tempo e esforço para dar presentes significativos? Certamente que sim. Uma maneira de obter informações valiosas é fazer uma pesquisa com seus clientes ou consumidores, por meio de perguntas como:

> Presentes impensados não apenas **erram o alvo,** como também **comunicam uma mensagem negativa**.

- Quais são seus cantores favoritos?
- Qual é sua revista predileta?
- Que atividades de lazer você prefere?
- Para qual time você torce?

- Quais são seus restaurantes prediletos?
- A quais eventos você gosta de ir?

Com essas informações, você terá uma probabilidade muito maior de dar um presente do qual seu cliente goste.

Quando falamos sobre presentes como um meio de mostrar apreciação aos colegas de trabalho, é importante deixar claro que isso nem sempre significa uma "coisa". De fato, o mais comum é que os presentes significativos se encaixem mais na categoria de "experiências" do que de "coisas". Podemos citar como presentes desse tipo:

- Ingressos para eventos esportivos (jogos de futebol, vôlei, basquete)
- Vales para uso em restaurantes
- Ingressos para eventos culturais (teatro, exposições, concertos)
- Pequenas férias ou retiros (um fim de semana numa pousada)
- Vales para um *spa*, uma sessão de manicure ou uma passeio a cavalo no clube de campo
- Cartões pré-pagos para compras
- Vale-presente de loja de utilidades domésticas ou de artigos esportivos

Hoje em dia, esses são os tipos de presentes mais populares. (Por favor, leia o texto "A arte de dar um presente sem ter de comprar uma 'coisa'", no *Kit* de Ferramentas da Valorização Pessoal, no final deste livro.)

Um desafio enfrentado por alguns supervisores e gerentes é encontrar tempo para comprar cartões pré-pagos ou cupons para eventos. Felizmente, vários desses itens podem ser comprados pela internet. Mas, para aqueles que supervisionam ou trabalham em situações nas quais não é possível acessar facilmente a internet durante o dia, comprar presentes pode ser um esforço extraordinário (e, portanto, não acontecer). Além disso, para ser bem franco, muitos supervisores e gerentes não têm tanto dinheiro extra para bancar pessoalmente cartões de presente que custem entre 30 e 60 reais.

Certa vez, num ambiente fabril, trabalhamos com a liderança da empresa para resolver esse problema. A equipe gerencial admitiu que queria apoiar seus supervisores no uso de presentes para encorajar os trabalhadores da linha de produção. Desse modo, eles separaram um fundo especial (no início, apenas 500 dólares como experiência) e orientaram o diretor de RH a trabalhar com os supervisores para descobrir que tipo de cartões pré-pagos ou ingressos os funcionários desejariam. Com essa informação, o diretor de RH comprou os presentes e os disponibilizou aos supervisores para que os utilizassem com seus funcionários. Contudo, foi pedido aos supervisores que enviassem, junto com o presente, uma nota escrita à mão, para assegurar que se tratava de algo personalizado e dar evidências de que tempo e esforço haviam sido gastos pelos gestores. Os supervisores gostaram do apoio prático e financeiro da empresa e os funcionários ficaram claramente animados por receber presentes de encorajamento que lhes eram significativos.

## UM APARTE: "FOLGA" COMO PRESENTE

Uma pergunta que sempre nos fazem: "E quanto a ganhar uma folga? Onde isso se encaixa no modelo de *motivação através da valorização pessoal*?". Essa pergunta tem maior probabilidade de ser feita por trabalhadores mais jovens (gerações X e Y), uma vez que esse grupo dá grande importância ao tempo livre.

> Uma pergunta que **sempre nos fazem**: "E quanto a ganhar **uma folga**?".

Ao discutir essa questão com os trabalhadores mais novos, e também com proprietários e gerentes, a folga parece se encaixar melhor na categoria de benefício a ser recebido. É um presente. Receber o privilégio de sair da empresa mais cedo ou de se ausentar por um período após a conclusão de um grande projeto pode ser um presente bastante eficiente.

### MARIA: SEM TEMPO PARA FAZER COMPRAS

Maria adora ir às compras; contudo, é bastante atarefada. Ela tem dois filhos na universidade e ocupa um cargo de grande responsabilidade como chefe do departamento de relações com os clientes numa empresa de serviços financeiros. Encontrar tempo para fazer compras é um desafio para ela.

Quando Jermaine, seu supervisor, descobriu que receber presentes era importante para Maria e que ela se sentia frustrada por não ter tempo para ir às compras, ele conseguiu dar-lhe um dia de folga (remunerada) juntamente com um cartão de compras pré-pago no valor de 200 reais para fazer compras no maior *shopping center* da cidade. Ela parecia uma criança gulosa que havia recebido livre acesso a uma sorveteria, sob a ordem "Coma o que puder!". Maria ficou exultante. Ela esperou ansiosamente e planejou o dia das compras, além de falar por semanas sobre essa experiência. Em sua mente, Jermaine era o melhor supervisor com quem ela já havia trabalhado. Ela estava fortemente motivada a dar o seu melhor no trabalho.

Esse é o poder de dar presentes àqueles que os apreciam. Quando você encontra o tipo certo de presente, a pessoa se sente encorajada e energizada para continuar a dar o seu melhor.

### E SOBRE PRESENTES PARA COLEGAS?

Na maior parte deste capítulo conversamos sobre presentes dados pelos supervisores ou gerentes aos seus subordinados. Contudo, o ato de dar presentes a colegas de trabalho é igualmente valioso. Se você sabe que receber presentes é a principal linguagem da valorização pessoal de um parceiro de equipe e opta por dar um presente do qual sabe que ele vai gostar, você está construindo uma amizade que, por sua vez, criará um ambiente de trabalho mais positivo. Às vezes, os colegas até fazem uma "vaquinha" para comprar um presente para um amigo quando sabem que se trata de algo que a pessoa vai valorizar bastante. Isso enfatiza a importância de os colegas compartilharem uns com os outros os resultados de seu Inventário de Motivação através da Valorização Pessoal e sua lista de ações. De posse dessa informação, a turma saberá exatamente o tipo de presente que é significativo para cada pessoa. Os colegas também saberão quem acha que receber presentes é menos importante em termos de apreciação. Cremos que essa valiosa informação ajudará os funcionários a criarem um clima de apreciação genuíno e relevante.

## LEVANDO PARA O LADO PESSOAL

1. Em uma escala de 0 a 10, qual é a importância que você dá ao recebimento de presentes?

2. Se você deu nota 7 ou mais, de que tipo de presente você mais gosta?

3. Quais presentes você recebeu de colegas ou de seu supervisor no último ano? Como você se sentiu ao recebê-los?

4. Quais presentes você deu a colegas durante o último ano? Como reagiram as pessoas que os receberam?

5. Você tem um colega a quem aprecia de modo especial? Você o vê dando presentes a outras pessoas? Em caso afirmativo, talvez você queira perguntar: "Se eu quisesse lhe dar algo que expressasse minha consideração por você, que tipo de presente realmente apreciaria?". Ou, então, preste atenção aos comentários que ele faz em conversas informais. Quando ele disser "Gostaria de ter um desses", tome nota e siga a informação como parâmetro para a compra do presente.

# 5

Palavras de afirmação

Tempo de qualidade

Atos de serviço

Presentes

Toque físico

# 7

## Toque físico

Se você já preencheu o Inventário de Motivação através da Valorização Pessoal, então provavelmente observou que a linguagem da valorização pessoal número 5, *toque físico*, não está incluída ali. Existe uma razão para isso. Quando começamos a investigar a melhor maneira de aplicar as linguagens de amor aos relacionamentos no ambiente de trabalho, utilizamos todas as cinco linguagens, muito embora soubéssemos que seria um desafio traduzir a linguagem do toque físico de maneira apropriada.

Uma vez que já havíamos decidido iniciar o *Projeto de motivação através da valorização pessoal* ao desenvolver uma ferramenta de avaliação, o primeiro passo foi gerar ações apropriadas que comunicassem apreciação através do toque no ambiente de trabalho. Então, traduzimos essas ações em itens de um questionário.

De início, foi relativamente fácil criar itens relacionados ao toque que fossem culturalmente aceitáveis e que não apresentassem grande probabilidade de serem interpretados como impróprios. Contudo, à medida que progredimos, descobrimos que o número e a variedade dessas ações eram bastante limitados.

Tentamos elaborar itens de questionário que levassem em conta as normas culturais, mas que também fossem significativos em ambientes de trabalho. Veja alguns dos itens incluídos:

- "Sinto-me importante quando alguém me dá um firme aperto de mão como meio de comunicar 'Você fez um bom trabalho.'"
- "Sinto-me apreciado quando alguém bate a palma da mão na minha em reconhecimento a um trabalho que executei bem."
- "Um simples tapinha nas costas, dado por um amigo que me apoia, me inspira a perseverar em meio a uma tarefa difícil."
- "Sei que sou apreciado quando um colega de trabalho se coloca ao meu lado e coloca a mão no meu ombro enquanto me faz um elogio verbal."
- "Quando sofro uma tragédia pessoal, gosto de receber um abraço de um colega."

Existem outras mostras de toque físico que são encaradas como expressões aceitáveis de apreciação. Contudo, a conveniência dessas ações depende da pessoa, do tipo de relacionamento no trabalho e da subcultura organizacional na qual elas acontecem. Algumas ações são boas para certos indivíduos, mas fariam outros sentirem-se desconfortáveis. Reconhecidas essas variáveis, o desafio é encontrar expressões apropriadas de toque físico em relacionamentos no ambiente de trabalho.

Sabemos que o toque físico é uma parte normal da vida. Recentemente, por exemplo, eu (Paul) estava almoçando com um amigo e discutíamos essa questão. Ele declarou: "Essa é difícil. Você não pode deixar o toque totalmente de fora. Acabei de sair do meu escritório e, quando vi que minha assistente havia acabado de concluir um projeto de longo prazo nesta manhã, espontaneamente levantei a mão para bater contra a dela num gesto de comemoração. Ela bateu a mão na minha, nós rimos e segui em frente".

Ao mesmo tempo, sabemos que o toque físico no ambiente de trabalho pode ser problemático. Quando fizemos um teste de campo com os questionários, gerentes, supervisores e trabalhadores repetidamente expressaram preocupação com esse aspecto. Os comentários dos supervisores incluíam coisas como: "Entendo o valor da linguagem do 'toque', mas os detalhes desse item me deixam nervoso", "Posso entender a inclusão dos trechos relativos ao 'toque' em alguns ambientes, mas penso que eles poderiam criar problemas para outras pessoas".

Testes de campo adicionais revelaram que mais de uma pessoa disse que o *toque físico* era sua principal linguagem da valorização pessoal no ambiente de trabalho. Com bastante frequência, o toque foi citado como a linguagem menos significativa para os participantes. Portanto, parecia que, ao ser comparado às outras quatro linguagens da valorização pessoal, o toque físico era claramente menos importante para a maioria dos indivíduos em seus relacionamentos no ambiente de trabalho. Sendo assim, com base em nossos dados, concentramos os itens do Inventário de Motivação através da Valorização Pessoal — e nossa consultoria nas empresas — em apenas quatro linguagens da valorização pessoal.

## EXISTE ESPAÇO PARA O *TOQUE FÍSICO* NO AMBIENTE DE TRABALHO?

Embora tenhamos recebido apoio unânime de todos os estabelecimentos e organizações nos quais utilizamos o modelo de *motivação através da valorização pessoal*, muitas pessoas nos perguntaram: "Existe espaço para o toque físico no ambiente de trabalho?". Essa pergunta parece ser feita com mais frequência por aqueles que valorizam o toque físico em seus relacionamentos pessoais.

Cremos que de fato *existe* um papel para o toque adequado em contextos profissionais. Eu (Gary) tenho formação acadêmica em antropologia cultural. Em todas as culturas existem toques próprios e impróprios entre pessoas de sexo oposto, assim como toques próprios e impróprios entre pessoas do mesmo sexo.

Os toques físicos apropriados são um aspecto fundamental do comportamento humano. Na área de desenvolvimento infantil, diversos projetos de pesquisa chegaram à mesma conclusão: bebês que são segurados, abraçados e tocados com ternura desenvolvem uma vida emocional mais sadia do que aqueles que são deixados por longos períodos sem contato físico. O mesmo é verdadeiro em relação aos idosos. Visite um asilo e você descobrirá que os internos que recebem toques afirmativos têm um espírito mais positivo e geralmente estão fisicamente melhores do que aqueles que não são tocados. O toque físico terno e afirmativo é uma linguagem fundamental de amor e de apreciação.

> Muitas pessoas nos perguntaram: "**Existe espaço para o toque físico** no ambiente de trabalho?".

O que é verdadeiro para crianças e idosos também é verdadeiro para adultos no ambiente profissional. Toques afirmativos e não sexuais podem ser expressões significativas de apreciação aos colegas de trabalho. Uma funcionária jovem e solteira disse: "É engraçado que ninguém hesite em tocar um bebê ou fazer um carinho num cachorro estranho; mas às vezes fico aqui sentada, morrendo de vontade de que alguém me toque, mas ninguém o faz. Imagino que não confiemos a ponto de deixar que as pessoas saibam que gostamos de ser tocados, porque temos medo de que nos interpretem de maneira errada. Sendo assim, nos sentamos solitários, fisicamente isolados". Essa jovem não estava pedindo toques sexuais. Estava reconhecendo a necessidade emocional de ser tocada. O toque físico é uma maneira de reconhecer o valor da outra pessoa, e pode ser profundamente encorajador.

> "Às vezes fico aqui sentada, morrendo de vontade de que alguém me toque, mas ninguém o faz."

## OS TOQUES NÃO SÃO TODOS IGUAIS

Os toques que fazem você se sentir valorizado talvez não façam com que outra pessoa se sinta assim. Devemos aprender com a pessoa que estamos tocando o que ela entende como toque que traz afirmação. Se você colocar a mão sobre o ombro de um colega de trabalho e o corpo dele enrijecer, perceberá que, para ele, seu toque não está comunicando apreciação. Quando alguém se afasta de você fisicamente, isso costuma indicar que existe um distanciamento emocional entre vocês dois. Em nossa sociedade, o aperto de mão é uma maneira de comunicar abertura e proximidade social. Quando, em raras ocasiões, um homem se recusa a apertar a mão de outro, isso comunica a mensagem de que as coisas não estão bem em seu relacionamento. Em contrapartida, quando você coloca

110 AS CINCO LINGUAGENS DA VALORIZAÇÃO PESSOAL NO AMBIENTE DE TRABALHO

a mão sobre o ombro de um colega ao mesmo tempo que verbaliza afirmação, se ele disser "Obrigado, gostei de ouvir isso", você saberá que tanto a afirmação verbal quanto o toque físico foram recebidos de maneira positiva.

Da mesma forma, existem toques implícitos e explícitos. Toques implícitos são sutis, duram apenas um instante e costumam acontecer sem que se pense muito neles. Um tapa nas costas, um rápido aperto de mão e o bater a palma das mãos são exemplos de toques implícitos e expressões comuns em alguns ambientes de trabalho. Os toques explícitos normalmente exigem mais atenção e tempo. Um aperto de mão prolongado, ao mesmo tempo que se diz à pessoa "Eu realmente gostei do que você fez; nunca me esquecerei do esforço que você dedicou para realizar esta tarefa", pode muito bem comunicar profundamente sua apreciação ao indivíduo que valoriza o toque físico. Uma funcionária que passa bastante tempo ao computador pode valorizar uma massagem no pescoço feita por uma colega do sexo feminino.

Se você cresceu numa família de "toque livre" — e, portanto, o ato de tocar lhe é natural —, provavelmente levará essa característica junto consigo para o ambiente de trabalho. Será extremamente importante para você determinar se os toques que normalmente dá nos outros são recebidos como expressão de afirmação ou se estão irritando a outra pessoa. A maneira mais segura de descobrir é simplesmente perguntar. Você pode simplesmente dizer: "Cresci numa família na qual todo mundo se toca. Sei que nem todos gostam disso. Portanto, se meus tapinhas nas costas irritam você, por favor, me diga, pois valorizo nosso relacionamento".

Quase instintivamente, num momento de crise, abraçamos uns aos outros porque o toque físico é um poderoso comunicador de amor e cuidado. Em tempos críticos, mais do que qualquer outra coisa, precisamos sentir que os outros se importam conosco. Nem sempre conseguimos transformar os fatos, mas podemos sobreviver se nos sentirmos amados e apreciados. Até mesmo nessas situações, no ambiente de trabalho, é sempre melhor perguntar se a pessoa apreciaria um abraço (quer a pergunta seja de maneira verbal quer não, abrindo os braços como que fazendo um convite). Apressar-se e dar um abraço em alguém que não está esperando por isso ou que prefere ter mais espaço pessoal pode não ser visto como apoio *por essa pessoa*, ainda que *você* "sinta a necessidade" de dar-lhe um abraço.

## TOQUE FÍSICO E SEXUALIDADE

A recente atenção dada ao assédio sexual na cultura ocidental destacou o perigo de tocar alguém do sexo oposto de uma maneira que seja considerada sexualmente imprópria. Esse tipo de toque não apenas deixará de comunicar apreciação, como poderá também resultar em problemas muito mais graves. Pergunte a qualquer empresário, supervisor ou gerente de RH e você descobrirá que o assédio sexual no ambiente de trabalho é uma questão muito séria. A maioria das grandes organizações aborda esse problema em treinamentos que dão aos funcionários.

Nos Estados Unidos, orientações criadas pela Equal Employment Opportunity Comission [Comissão para Igualdade de Oferta de Emprego] indicam que o assédio sexual acontece em uma ou mais das condições a seguir:

1. Um funcionário se submete, de maneira explícita ou implícita, a avanços sexuais como uma condição necessária para obter ou manter um emprego.

2. O supervisor toma decisões relacionadas à equipe com base na submissão ou rejeição do funcionário aos seus avanços sexuais.

3. A conduta sexual se torna exagerada e interfere no desempenho do funcionário ou cria um ambiente de trabalho que é intimidador, hostil ou ofensivo.

Infelizmente, o assédio sexual não é raro. Num estudo realizado com mais de 20 mil funcionários do governo federal norte-americano, 42% das mulheres e 15% dos homens relataram que foram assediados sexualmente no trabalho pelo menos uma vez durante o período que compreende os dois anos anteriores.[1] Algumas empresas definem assédio sexual como toque deliberado. Esse tipo de orientação rígida tende a reprimir os toques físicos normais e apropriados no ambiente de trabalho.

> A **visão** quanto ao que seja adequado ou impróprio no ambiente de trabalho **pode diferir grandemente** de pessoa para pessoa.

Um dos desafios relacionados ao assédio sexual é a questão da percepção. A visão quanto ao que seja adequado ou impróprio no ambiente de trabalho pode diferir grandemente de pessoa para pessoa. Essa é outra razão pela qual há quem se esquive de qualquer toque físico no ambiente de trabalho.

Nossa cultura sexualizou enormemente o toque físico — passamos a vê-lo em grau desproporcional. A maioria dos meios de comunicação cria e envia imagens que associam praticamente qualquer forma de toque à intenção sexual ou a uma resposta sexual. Isso é triste, pois pesquisadores de diversas áreas demonstraram repetidamente o valor positivo do toque apropriado.

## TOQUE FÍSICO E ABUSO

Outra triste realidade da cultura ocidental é o abuso físico. Em muitas empresas há indivíduos cheios de feridas e de mágoa que às vezes explodem em comportamento destrutivo. Vemos os exemplos mais dramáticos nos noticiários, mas muitas pessoas nunca aprenderam a controlar sua raiva. Elas costumam abusar fisicamente de membros da família e, às vezes, lançam sua revolta sobre os colegas de trabalho.

*O abuso físico pode ser definido como "causar dano físico por meio de espancamento, golpes, chutes e outros atos físicos destrutivos provocados por raiva, não por brincadeira".* A palavra-chave é *raiva*.

Alguns indivíduos nunca aprenderam a lidar com a raiva de maneira construtiva. Quando estão irados com o comportamento de alguém, o fluxo de palavras cruéis é seguido pela violência física. Tapas, empurrões, ataques, sufocação, agarramento, solavancos e espancamento são comportamentos abusivos. Onde isso ocorre, podemos ter certeza de que tais toques não são afirmativos. Palavras positivas e as expressões de afeição física que se seguem a essas explosões de raiva sempre parecerão vazias. A psique humana não se recupera facilmente de tal abuso físico.

> **Permitir que uma pessoa violenta** continue trabalhando é **colocar em risco os demais** funcionários.

Um pedido sincero e honesto de desculpas não é suficiente. A pessoa que comete o abuso deve buscar ajuda para romper esses padrões destrutivos e aprender como controlar positivamente a ira. A raiva explosiva não vai simplesmente desaparecer com o passar do tempo. Somos da opinião de que, quando o abuso físico é observado no ambiente de trabalho, a pessoa abusiva deve ser imediatamente suspensa de suas atividades. Qualquer forma de reintegração deve estar condicionada à obtenção, por parte do agressor, de ajuda psicológica adequada no descobrimento da fonte de sua raiva e em saber como lidar com ela de uma maneira mais construtiva. Permitir que uma pessoa violenta continue trabalhando é colocar em risco os demais funcionários. Você não está servindo à missão da empresa quando permite que um comportamento abusivo tenha prosseguimento sem ser coibido.

Também é importante notar que indivíduos que foram vítimas de abuso em relacionamentos costumam ser sensíveis a qualquer tipo de contato físico. Embora a maior parte do abuso físico ocorra em relacionamentos pessoais e no lar, independentemente de onde tenha acontecido, as vítimas, de forma justificável, desenvolvem maior necessidade de proteção pessoal e desejo de mais espaço particular. É comum reagirem defensivamente a movimentos físicos bruscos realizados pelos outros. Muitas vezes, colegas ou supervisores não têm ideia de que seus companheiros de equipe experimentaram abuso físico (seja no passado, seja nos relacionamentos atuais). Desse modo, todos nós precisamos ser cautelosos no uso do toque físico adequado em nossos relacionamentos no ambiente de trabalho.

### ALÉM DAS PREOCUPAÇÕES: OS BENEFÍCIOS DO TOQUE FÍSICO

A despeito dos desafios associados ao toque físico no ambiente de trabalho, cremos que os benefícios em potencial do toque *adequado* sejam suficientemente significativos para que não se abandone totalmente essa linguagem da valorização pessoal. Como indicado anteriormente, o toque físico tem se mostrado essencial para o desenvolvimento sadio na infância.

Quando usado de maneira adequada, o toque também mostrou afetar positivamente o aprendizado educacional e a cura emocional, além de criar um senso de aceitação. O toque pode comunicar uma variedade de mensagens positivas nos relacionamentos: senso de confiança, conexão e cuidado. O contato físico é um meio de expressar entusiasmo e alegria.

Comunicar apreciação por meio do toque físico pode gerar um impacto positivo no ambiente de trabalho quando tal comunicação é feita de maneira adequada. Apertar firmemente a mão em sinal de saudação ou congratulação, bater a palma das mãos em comemoração, ou dar leves tapas nas costas — tudo isso é usado frequentemente em relacionamentos no ambiente de trabalho. Pesquisadores de diversas culturas descobriram que um tapinha nas costas é algo quase universalmente aceito como um ato que comunica apreciação. É interessante perceber que faculdades de administração começaram recentemente a pesquisar o impacto do toque sobre o comportamento de indivíduos em interações no contexto profissional.[2] Esperamos que tal investigação continue, pois acreditamos que exista grande valor na mostra de apreciação por meio do toque físico.

Talvez você queira fazer um pouco de pesquisa na vida real, por conta própria. Cremos que descobrirá que as observações da vida cotidiana apoiam o toque físico como uma linguagem frequentemente usada no ambiente de trabalho. Veja como as pessoas interagem quando possuem um relacionamento amistoso como equipe. Observe de que modo as pessoas reagem quando algo bom acontece a alguém no ambiente de trabalho. Preste atenção na quantidade de apertos de mão, toques com as mãos, tapas nas costas e outros gestos físicos. Esteja especialmente alerta em ambientes menos formais, como durante uma refeição, um encontro social depois do expediente ou um passeio da empresa. Você pode se surpreender diante da quantidade de incentivo que é expresso por meio do toque físico de modo cordial, apoiador e positivo.

Portanto, embora não acreditemos que a comunicação de encorajamento e apreciação por meio do toque físico seja fundamental na maior parte dos relacionamentos ligados ao trabalho, também não acreditamos que a empresa deva ser um ambiente onde o toque seja visto como algo "proibido". Atos de expressão física adequados são valorizados por muitos com quem interagimos diariamente e podem adicionar grandes doses de cordialidade aos relacionamentos no ambiente profissional.

Como é possível saber quais colegas verão o toque físico como uma expressão de apreciação? Observe o comportamento dos seus parceiros. É comum eles darem tapinhas nas costas, bater as mãos ou abraçar outras pessoas? Se for, então você pode presumir com segurança que um toque afirmativo será uma atitude recebida como expressão de apreciação. De modo geral, essas pessoas que tocam livremente outras de maneira afirmativa são os mesmos indivíduos que receberiam bem os toques afirmativos vindos de outros. Em contrapartida, se você nunca vir um colega tocar os demais e se, como destacado anteriormente, o corpo dele enrijecer quando alguém o tocar, então saiba que o toque físico não será recebido como apreciação.

## LEVANDO PARA O LADO PESSOAL

1. Quais tipos de toque físico no ambiente de trabalho você considera afirmativos?

2. Quais tipos de toque você considera desconfortáveis?

3. Entre seus colegas, quem são os "tocadores"? Pessoas que se sentem apreciadas por meio do toque físico normalmente são aquelas que tocam os outros. De que maneira você pode retribuir a apreciação delas?

4. Analisando os dias de hoje e de ontem, quais tipos de toque físico você deu em outras pessoas? Como elas reagiram?

5. Se tocar é fácil para você, quem você encontrou que pareceu se afastar do toque? Por que você acha que isso aconteceu?

6. Se você recebeu toques de colegas que o fizeram sentir-se desconfortável, considere a ideia de conversar sobre isso com quem o tocou. Essa é a maneira mais rápida de interromper os toques indesejados.

# PARTE 3

## Aplicação dos conceitos à vida diária

# 8

## Descubra sua principal linguagem da valorização pessoal

Uma das coisas que distingue o homem dos animais é a capacidade de se comunicar através de palavras. A linguagem é claramente humana — e extremamente diversificada. Eu (Gary) me lembro de ter estado num laboratório de linguística tentando fazer a escrita fonética dos sons de um idioma que nunca ouvira. Mesmo depois de ter registrado os sons, eles não faziam nenhum sentido para mim. Não me comunicavam nada porque eu não entendia o significado por trás das palavras.

Todos nós crescemos aprendendo a falar a linguagem de nossa cultura. Se você foi criado num ambiente multicultural, então pode ser capaz de falar vários idiomas. Contudo, a língua que você aprendeu a falar primeiro, normalmente a língua dos seus pais, será sua linguagem principal. Normalmente é chamada de "língua materna". Seu idioma nativo é aquele que você entende melhor e o que lhe fala de maneira mais clara. Você pode falar um segundo ou terceiro idiomas fluentemente, mas sempre terá predileção por seu idioma nativo.

O mesmo é verdadeiro quando lidamos com as linguagens da valorização pessoal. Com base nas quatro linguagens fundamentais, cada um de nós tem uma principal linguagem da valorização pessoal. É aquela que nos fala mais profundamente em termos emocionais.

Tendo ouvido falar das quatro linguagens da valorização pessoal — *palavras de afirmação, presentes, atos de serviço* e *tempo de qualidade* —, alguns indivíduos reconhecerão imediatamente sua própria linguagem principal. Outros, por nunca terem pensado na apreciação desse ponto de vista, não estarão certos de sua linguagem da valorização pessoal. Este capítulo é planejado para ajudar essas pessoas a identificarem suas linguagens da valorização pessoal principal e secundária.

A base conceitual do modelo de *motivação através da valorização pessoal* se baseia nos princípios elementares encontrados nas cinco linguagens do amor. Esses princípios fundamentais são:

1. Existem maneiras diferentes de comunicar apreciação e encorajamento a outras pessoas.

2. As pessoas tendem a ter modos preferenciais de entender que são apreciadas e valorizadas, conquanto para cada indivíduo, algumas formas de comunicação sejam mais significativas que outras.

3. A mais eficiente comunicação de apreciação e encorajamento acontece quando a mensagem é enviada na linguagem da valorização pessoal mais apreciada pelo destinatário.

4. Mensagens de apreciação e encorajamento em linguagens não valorizadas pelo destinatário tenderão a errar o alvo.

Em resumo, cada pessoa tem uma principal linguagem da valorização pessoal. Fale nessa linguagem, e ela se sentirá apreciada. Não fale nessa linguagem, e ela não se sentirá valorizada.

A capacidade de uma pessoa aplicar as linguagens da valorização pessoal aos relacionamentos no ambiente de trabalho exige a identificação de sua própria linguagem da valorização pessoal. Desenvolvemos o Inventário de Motivação através da Valorização Pessoal com o propósito de fornecer uma ferramenta simples, confiável e válida para subordinados, empregadores e supervisores alcançarem esse objetivo. No transcorrer de quatro anos, testamos o inventário em campo e fizemos pesquisas de modo que ele fornecesse uma avaliação precisa das linguagens da valorização pessoal principal e secundária de uma pessoa. O inventário também revelará a linguagem que é menos significativa para você.

A pessoa que preenche o questionário deve escolher a declaração que descreve com maior precisão a maneira pela qual se sente encorajada ou apreciada por aqueles com quem trabalha. Com base no padrão de respostas dadas, são identificadas as linguagens da valorização pessoal principal e secundária.

Preencha o Inventário de Motivação através da Valorização Pessoal localizado no final deste livro. Após escolher sua preferência para cada uma das declarações, você descobrirá quais são suas linguagens da valorização pessoal principal e secundária, assim como a linguagem que lhe é menos significativa.

Uma vez preenchido o inventário, você terá a oportunidade de desenvolver uma lista de ações para sua principal linguagem da valorização pessoal. Isso lhe permitirá identificar ações específicas que gerentes, supervisores e colegas de trabalho podem tomar caso desejem expressar apreciação a você de uma maneira mais significativa.

Desenvolvemos a lista de ações em resposta a gerentes e supervisores que participaram de nosso teste piloto do inventário. Os gestores indicaram que gostariam de contar com mais informações específicas para que os resultados fossem práticos e úteis. Embora seja genuinamente útil entender a linguagem da valorização pessoal de seu colega de trabalho, é muito mais útil ser capaz de identificar aquelas ações específicas que claramente comunicam apreço a cada pessoa. Isso elimina o "tiro no escuro", ou seja, o fato de se dispor de uma ideia geral do que é importante para seu colega, mas ter de adivinhar como satisfazer aquela necessidade.

### O QUE SUSAN MAIS QUER

Susan é uma dedicada integrante da equipe que trabalha numa organização sem fins lucrativos que lida com jovens da região central da cidade. Ela trabalha incansavelmente para combinar mentores adultos com adolescentes a serem tutelados. Procura mentores em potencial, fornece-lhes treinamento e entrevista jovens e pais que procuram modelos positivos de conduta. Ela então facilita o desenvolvimento daquilo que, espera-se, venha a ser um relacionamento de mentoria de longo prazo. Susan não ganha muito, mas o que a motiva a continuar seu trabalho é receber o reconhecimento verbal de pessoas quanto ao valor daquilo que ela realiza. Susan se sente genuinamente apreciada quando recebe:

• Uma palavra de agradecimento de uma mãe solteira cujo filho está aprendendo a consertar carros junto de seu mentor;

- Um sorriso e um "obrigado" gentis de uma adolescente calada que encontra pela primeira vez seu novo amigo adulto;
- Uma palavra de aprovação de seu supervisor, como "Você está fazendo um trabalho muito bom no programa de mentoria!".

Mas não coloque Susan na frente de um grupo para elogiá-la em público. E *jamais* aproveite o evento anual de levantamento de fundos para dar-lhe um prêmio por seu serviço exemplar. Qualquer uma dessas duas coisas envergonharia Susan e faria que ela se sentisse desconfortável.

Como o supervisor de Susan poderia saber disso? Ele poderia ter entendido isso informalmente ou por meio de intuição. Mas ele também poderia deixar passar esse aspecto do caráter de Susan. Seria muito melhor saber antecipadamente quais são as preferências dela.

Este é o propósito da lista de ações: apresentar aos gerentes e supervisores ações específicas que sejam mais significativas para cada membro de sua equipe. Portanto, depois de sua principal linguagem da valorização pessoal ter sido identificada por meio do Inventário de Motivação através da Valorização Pessoal, você deve escolher ações específicas daquela linguagem que lhe sejam mais significativas.

Se toda a sua equipe preencher o inventário, então vocês poderão discutir abertamente os resultados uns com os outros. Imagine a diferença que faria se seus colegas aprendessem como expressar apreciação e encorajamento na linguagem principal de cada membro do grupo. Podemos garantir que o clima emocional, o nível de satisfação no trabalho e o moral da equipe como um todo seriam melhorados.

## E SE SEUS COLEGAS NÃO PREENCHEREM O INVENTÁRIO DE MOTIVAÇÃO ATRAVÉS DA VALORIZAÇÃO PESSOAL?

Reconhecemos que muitos leitores lerão este livro por iniciativa própria. Seu gerente ou supervisor, assim como seus colegas, podem estar desinformados sobre o livro ou o inventário. Se você deseja ser um catalisador positivo de melhoria do clima em seu ambiente de trabalho, nossa primeira sugestão é que você dê um exemplar do livro ao seu gerente ou supervisor. Incentive-o a ler e a compartilhar com você as impressões que teve.

Cremos que muitos gerentes compreenderão o valor do Inventário de Motivação através da Valorização Pessoal e incentivarão todos aqueles a quem supervisionam a preenchê-lo. Então, liderarão discussões em grupos pequenos sobre como podem usar aquelas informações para melhorar a eficiência de sua comunicação. Cremos que esse seria o cenário ideal.

> **Não há nada a perder** e muito a ganhar na tentativa de levar seus colegas de trabalho a **serem comunicadores mais eficientes** de apreciação.

Se o seu supervisor não estiver disposto a ler o livro ou recusar o conceito de *motivação através da valorização pessoal*, você talvez queira compartilhar o livro com seus colegas de trabalho mais próximos, sugerindo que, se cada um preencher o inventário, eles poderiam ser mais eficientes em comunicar sua apreciação uns pelos outros. Seu entusiasmo pode despertar o interesse de outros funcionários e, informalmente, você pode acabar espalhando a ideia. Não há nada a perder e muito a ganhar na tentativa de levar seus colegas de trabalho a serem comunicadores mais eficientes de apreciação.

## A DESCOBERTA DA LINGUAGEM
## DE SEU COLEGA DE TRABALHO

Se você não percebeu absolutamente nenhum interesse entre seus colegas de trabalho, mas gostaria de usar o conceito de linguagens da valorização pessoal para expressar com mais eficiência sua consideração por aqueles com quem trabalha, veja a seguir três maneiras informais de descobrir a principal linguagem da valorização pessoal de seus parceiros.

1. *Observe o comportamento deles.* Se você ouvir regularmente os colegas de trabalho encorajando outras pessoas através de *palavras de afirmação*, então talvez essa seja a principal linguagem da valorização pessoal deles. Estão fazendo para os outros aquilo que desejam que lhes fizessem. Se você perceber que gostam de um aperto de mãos, de tocar nos braços ou de dar tapinhas nas costas, existe uma grande possibilidade de que o *toque físico* seja a maneira pela qual eles gostariam de receber apreciação. Se eles regularmente derem presentes a outras pessoas em ocasiões especiais ou sem nenhuma razão, então provavelmente *presentes* sejam sua principal linguagem da valorização pessoal. Se alguém for o primeiro a marcar almoços ou a convidar pessoas a se juntarem a ele em atividades, então *tempo de qualidade* pode ser sua linguagem da valorização pessoal. Se for uma pessoa do tipo que não espera alguém pedir, mas, quando vê algo que precisa ser feito se apresenta e faz, então *atos de serviço* provavelmente seja sua principal linguagem da valorização pessoal.

Perceba que estamos usando termos como *talvez, pode ser* e *provavelmente*. A razão de não sermos categóricos é que nossa pesquisa indicou que cerca de 25% da população normalmente fala uma linguagem da valorização pessoal, mas deseja ser valorizada por meio de outra linguagem. Isso significa que, para cerca de 75% de nós, a linguagem que falamos mais frequentemente é a linguagem que desejamos que usem conosco. Demonstramos apreciação aos outros de uma maneira pela qual gostaríamos de ser apreciados.

2. *Observe o que eles pedem aos outros*. Se você frequentemente ouve colegas pedirem ajuda para concluir seus projetos, então *atos de serviço* podem ser a linguagem da valorização pessoal desses indivíduos. A pessoa que diz "Quando você for àquele congresso, pode me trazer alguma lembrança?" tem *presentes* como provável linguagem. Se os colegas pedem regularmente a amigos para ir ao *shopping* com eles, para viajar juntos ou ir jantar em sua casa, estão solicitando *tempo de qualidade*. Se você vir alguém perguntando coisas como "O que você acha disso? Fiz o relatório da maneira que você pediu? Você acha que fiz a coisa certa?", então a pessoa demanda *palavras de afirmação*. Nossos pedidos tendem a indicar nossa principal linguagem da valorização pessoal.

> As coisas sobre as quais um indivíduo reclama podem muito bem **revelar sua principal linguagem da valorização pessoal**.

3. *Ouça as reclamações deles*. As coisas sobre as quais um indivíduo reclama podem muito bem revelar sua principal linguagem da valorização pessoal. Brad estava no emprego havia cerca de seis meses, depois de sair da faculdade, quando eu (Gary) lhe perguntei:

— Como vão as coisas?

— Vão bem, eu acho — respondeu ele. — Mas me parece que ninguém de fato aprecia o que faço; parece que o que faço nunca é suficiente.

Sabendo que ele estava familiarizado com as linguagens da valorização pessoal, eu disse:

— Sua principal linguagem da valorização pessoal são *palavras de afirmação*, certo?

Ele concordou com a cabeça ao mesmo tempo que disse:

— Sim. E acho que é por isso que não estou nada feliz em meu trabalho.

A reclamação de Brad revelou claramente sua linguagem da valorização pessoal.

Se um funcionário reclama que seus colegas não têm mais tempo para ele, então é bem provável que sua linguagem da valorização pessoal seja *tempo de qualidade*. Se ele lamenta que apenas um amigo lhe deu presente de aniversário, sua linguagem da valorização pessoal provavelmente consiste em *presentes*. Se a reclamação é que ninguém o ajuda, então *atos de serviço* provavelmente sejam sua linguagem da valorização pessoal.

Nossas reclamações revelam nossas feridas emocionais mais profundas. O oposto daquilo que mais o fere é provavelmente sua linguagem da valorização pessoal. Se você receber apreciação nessa linguagem, a ferida provavelmente desaparecerá e você se sentirá genuinamente valorizado.

Nenhuma dessas coisas é terrivelmente difícil. Contudo, é preciso dispor de uma mentalidade voltada à observação e de um desejo de efetivamente expressar apreciação aos outros. Observar comportamentos, ouvir pedidos e também reclamações são atitudes que podem muito bem mostrar a linguagem da valorização pessoal de seus colegas de trabalho. Munido dessas informações, você será mais eficiente em seus esforços de expressar-lhes apreciação. Quando os indivíduos se sentem apreciados, eles são emocionalmente atraídos à pessoa que está expressando apreciação. Será maior a probabilidade de envolverem aquela pessoa em conversas significativas, o que costuma levar a amizades genuínas e duradouras com colegas de trabalho. Como amigos, eles podem até mesmo estar abertos a uma discussão sobre o conceito de *motivação através da valorização pessoal* e, no longo prazo, seu exemplo pode inspirar outros funcionários a se unirem a vocês na expressão eficiente de apreciação.

## LEVANDO PARA O LADO PESSOAL

1. Se você sabe qual é sua principal linguagem da valorização pessoal, como a descobriu? Se não tem certeza de qual seja sua principal linguagem da valorização pessoal, preencha o Inventário de Motivação através da Valorização Pessoal conforme sugerido neste capítulo.

2. Você sabe qual é a principal linguagem da valorização pessoal de seus colegas de trabalho mais próximos? Se não sabe, qual abordagem você acha que seria a melhor maneira de fazer essa descoberta?

3. Se você é gerente ou supervisor, considere a doação de um exemplar deste livro àqueles que trabalham sob sua supervisão. Incentive cada funcionário a fazer o inventário e lidere seu departamento numa discussão acerca das linguagens da valorização pessoal.

4. Se o seu gerente ou supervisor não tiver interesse no conceito de *motivação através da valorização pessoal*, escolha dois ou três colegas de trabalho mais próximos. Compartilhe o livro com eles e pergunte se estariam dispostos a preencher o Inventário de Motivação através da Valorização Pessoal.

5. Se você não perceber muito interesse entre seus colegas, escolha um ou dois parceiros com os quais gostaria de melhorar seu relacionamento e responda às seguintes perguntas:

    • De que maneira eles costumam expressar apreciação pelos outros?
    • O que eles pedem com mais frequência?
    • Do que eles reclamaram mais recentemente?

    Através de uma suposição com base em informações, descubra qual é a linguagem da valorização pessoal dessas pessoas e procure maneiras de comunicar-se nessa linguagem.

# 9

## Sua menos significativa linguagem da valorização pessoal: um possível ponto cego

A maioria de nós apresenta a tendência natural de falar nossa própria linguagem da valorização pessoal. Se *atos de serviço* me fazem sentir apreciado, então serei conhecido como uma pessoa de atos de serviço. Gosto de me apresentar e ajudar os colegas e estou sempre disposto a caminhar a outra milha. Se for *tempo de qualidade* o que me faz sentir apreciado, então será comum envolver meus colegas em conversas, perguntando sobre o bem-estar deles. Se *palavras de afirmação* me fazem sentir valorizado, então pode apostar que digo palavras de afirmação àqueles com quem trabalho. Se aprecio *presentes*, então provavelmente sou alguém que gosta de presentear. Se receber um tapinha nas costas ou bater a palma das mãos são fatos que me energizam e me fazem sentir reconhecido, é bem possível que eu expresse minha apreciação aos outros por meio do *toque físico*.

Igualmente, se faço o que me é natural, a linguagem da valorização pessoal que menos valorizo raramente será falada. Se o fato de receber presentes significa pouco para mim em termos de reconhecimento, então eu provavelmente ignoro essa linguagem. Ela se torna para mim um ponto cego. Presumo que, uma vez que ela tem pouco valor para mim, será de pouco ou nenhum valor para os outros. Desse modo, os colegas que têm nos presentes sua principal linguagem da valorização pessoal não se sentirão valorizados ainda que, em minha mente, eu julgue estar expressando apreciação livremente em uma das outras linguagens. Veja o exemplo mostrado a seguir.

### "GAROTA ALEGRIA"

Stacy Grant é gerente de departamento de uma empresa de *design* gráfico digital. Ela supervisiona os *web designers* que criam páginas de internet para empresas. Stacy é também uma excelente *designer* e, ao mesmo tempo, ótima gerente. Ela gosta de coordenar sua equipe supervisionando o processo de produção.

Stacy é uma gerente positiva, apoiadora e muito querida. Possui uma equipe talentosa, e eles trabalham muito bem juntos. A principal linguagem da valorização pessoal de Stacy são *palavras de afirmação*. Ela adora elogios por seu trabalho e, ainda que não admita publicamente, gosta que o reconhecimento seja feito na frente dos membros de seu time e diante de seu chefe. Ela nunca se cansa de ouvir que está fazendo um bom trabalho.

Consequentemente, Stacy tenta encorajar seus subordinados da mesma maneira. Ela é extremamente generosa com os elogios, diz frequentemente aos seus funcionários que eles estão fazendo um bom trabalho e enaltece suas habilidades artísticas. Isso é bom — especialmente para aqueles que respondem ao encorajamento verbal. Seu estilo de comunicação cria uma atmosfera positiva.

Contudo, a linguagem da valorização pessoal menos significativa para Stacy são *atos de serviço*. Ela não quer que outras pessoas a ajudem a realizar seu trabalho; prefere fazer tudo sozinha. De fato, ela vê a oferta de ajuda por parte dos outros como uma coisa intrusiva e com grande potencial para causar problemas. O resultado é que Stacy raramente — se é que isso acontece alguma vez — se predispõe a ajudar outras pessoas quando elas necessitam de algum auxílio. Dentro de seu departamento, isso cria tensão naqueles para os quais *atos de serviço* são a principal linguagem da valorização pessoal.

Carolyn, uma importante *designer* da equipe de Stacy, especializou-se na criação de páginas interativas para as empresas que querem vender seus produtos na internet. Possui diversos clientes importantes. Como ocorre com muitos *designers* gráficos, Carolyn às vezes se atrasa nos projetos e precisa trabalhar até depois do horário para cumprir um prazo de entrega.

A principal linguagem da valorização pessoal de Carolyn são *atos de serviço*. Ela realmente gosta que outras pessoas apareçam para ajudá-la a finalizar um projeto quando está pressionada pelo tempo. Diante disso, ela se sente pouco apoiada se os colegas não oferecem ajuda. Carolyn não é irresponsável e sempre busca outras pessoas para auxiliá-la. Contudo, quando está "numa sinuca", ela de fato aprecia a ajuda fornecida por colegas de trabalho. Quando se sente estressada pela necessidade de concluir um projeto e vê Stacy entrar na sala tentando encorajá-la verbalmente, o resultado não é positivo:

— Ei, isso está ótimo, menina — diz Stacy ao aproximar-se de Carolyn e observar seu trabalho.

— Obrigada — responde Carolyn, com certa melancolia.

— Mas tenho muitas coisas para concluir até amanhã cedo,

antes da apresentação para nosso cliente. Esta será uma noite longa. — Ela olha para sua chefe.

— Olha, tenho certeza de que você conseguirá — diz Stacy. — Você sempre consegue. Eu aprecio seu compromisso e o empenho de fazer o que for necessário para que o trabalho fique pronto.

A gerente dá um tapinha no ombro de Carolyn enquanto vira as costas e volta para seu escritório.

"Muito obrigada", murmura Carolyn consigo mesma. "Um pouco de ajuda seria muito bom. Mas não, a Garota Alegria precisa sair e passear pelo escritório dizendo a todos que estão fazendo um bom trabalho. Eu preferiria mais ação e menos conversa."

Stacy considera que está fazendo um trabalho eficiente de encorajamento e apoio a Carolyn ao fornecer-lhe seu incentivo verbal. Contudo, a funcionária não se sente apoiada por ela, chegando até mesmo a ficar ressentida por sua "falta de consideração". Essa combinação malsucedida de linguagens da valorização pessoal distintas leva a problemas de comunicação e a tensões no relacionamento profissional.

Se o fato de Carolyn não se sentir apoiada fosse abordado numa conversa, Stacy provavelmente se sentiria confusa e pega de surpresa.

— O quê? — diria a gerente. — Como pode achar que eu não aprecio o trabalho que você faz? Carolyn, estou sempre tecendo um monte de elogios sobre o seu desempenho. Tive até mesmo a iniciativa de elogiá-la numa reunião de nossa equipe com o diretor! Não entendo você.

Carolyn poderia responder algo assim:

— Stacy, sei que você me diz que realizo um bom trabalho e que faço o necessário para terminar as tarefas. Mas preciso dizer que às vezes, quando estou com dificuldades para cumprir um prazo, eu gostaria de ter alguma ajuda. As palavras são ótimas, mas ações significariam muito mais.

E assim prosseguiria a conversa.

Stacy está tendo a iniciativa de se empenhar em expressar apreciação a Carolyn, mas não de uma maneira que seja encorajadora para sua funcionária. Por sua vez, Carolyn não se sente apoiada e fica ressentida. Stacy pode achar que está desperdiçando energias ao tentar encorajar a moça e acabar se desanimando, supondo que não seja uma gerente eficiente. Uma vez que *atos de serviço* significam muito pouco para Stacy, ela tem dificuldades para entender como eles podem ser tão importantes para Carolyn.

## O BURACO NEGRO

Em astronomia, um buraco negro é uma entidade que suga virtualmente qualquer coisa ao seu redor — luz, matéria, energia. Tudo o que entra nunca sai. Um buraco negro recebe, recebe e recebe, sem nunca devolver.

A linguagem da valorização pessoal menos valorizada de uma pessoa pode se parecer com um buraco negro no ambiente de trabalho. Quando a linguagem da valorização pessoal menos importante para um parceiro são *palavras de afirmação*, não importa quanto você a louve: vai sempre errar o alvo. A pessoa não se sentirá encorajada ou apreciada por conta dos elogios, bilhetes de apreciação ou reconhecimento na frente dos membros da equipe. A afirmação verbal não é importante para ela. Você está basicamente desperdiçando sua energia. O mesmo pode ser verdade em relação a qualquer outra linguagem — gastar tempo de qualidade com outros funcionários, ajudá-los em suas tarefas, distribuir ingressos para a final do campeonato de futebol.

Eis um fato que pode economizar muito do seu tempo e de sua energia emocional caso você se disponha a aceitá-lo: a menos significativa linguagem da valorização pessoal de alguém *realmente* não é importante para ele. Isso não significa que a outra pessoa é estranha. Ela é simplesmente diferente — diferente de você. O gerente ou colega sábio reconhecerá e aceitará essa diferença.

Entender e aceitar as diferenças entre os membros de sua equipe quanto à maneira como se sentem apreciados e encorajados é fundamental para seu sucesso como gerente. Se não entender essa realidade e deixar de implementá-la em sua forma de se relacionar com seus colegas, você desperdiçará muito tempo e energia tentando incentivá-los de maneiras que têm pouco ou nenhum impacto sobre eles.

Desse modo, você pode começar a se ressentir daqueles membros da equipe que possuem linguagens da valorização pessoal diferentes. Pode começar a sentir que eles são ingratos, negativos e que não apreciam você, nem reconhecem tudo o que você está tentando fazer por eles. Você pode concluir que não há nada que os satisfaça ou que faça com que sintam que você valoriza o trabalho deles. Isso, é claro, não é verdade; portanto, saber qual é a linguagem da valorização pessoal que você menos preza e atentar para o fato de que ela provavelmente seja o seu ponto cego é um passo importante para se transformar num comunicador eficiente de apreciação. (Por favor, leia o artigo "Por que sua menos significativa linguagem da valorização pessoal pode ter grande efeito sobre sua carreira" no *Kit* de Ferramentas da Valorização Pessoal, no final do livro.)

## A SUPERAÇÃO DO DESAFIO DO PONTO CEGO

O primeiro passo para superar seu ponto cego como gerente ou colega é ter consciência dele. Presumindo que você tenha preenchido o Inventário de Motivação através da Valorização Pessoal e identificado sua menos significativa linguagem da valorização pessoal, você agora já tem essa informação. Contudo, é bem provável que você não *entenda* de fato essa linguagem.

Para mim (Paul), seja no trabalho, seja em outros relacionamentos, *presentes* são a menos significativa linguagem da valorização pessoal. É claro que gosto de receber um vale para ir ao Starbucks, mas não é de fato algo muito importante para mim; tanto faz receber ou não. Diante disso, é difícil colocar-me no lugar de alguns de meus colegas e realmente entender como eles podem valorizar as recompensas tangíveis. Costumo me surpreender tendo pensamentos como "Eles ficam animados com pouca coisa" ou "Simplesmente não entendo. Prefiro receber um elogio a passar um dia de folga num *spa*".

> "Isso tem a ver com investimento de tempo e energia, não com gasto financeiro."

Portanto, tomei a iniciativa de conversar com alguns dos meus parceiros cuja principal linguagem da valorização pessoal são *presentes*. Perguntei a um dos membros da minha equipe: "Por que você considera que ganhar ingressos para assistir ao jogo é importante? Por que isso significa tanto para você?". A resposta dele me ajudou a entender a situação de seu ponto de vista.

Meu colega respondeu: "Primeiramente, isso me mostra que o líder da minha equipe reservou tempo e teve interesse em encontrar algo que tivesse relação pessoal comigo e de que eu gostasse. Se ele tivesse me dado ingressos para uma apresentação de balé, isso teria sido um enorme erro. Joguei basquete na universidade e ainda gosto de ir aos jogos. Segundo, ele teve a iniciativa e se esforçou para sair e comprar os ingressos para mim. Isso tem a ver com investimento de tempo e energia, não com gasto financeiro. Isso me mostra que, para ele, vale a pena fazer o que for necessário para me encorajar ou recompensar — o que faz com que eu me sinta verdadeiramente apreciado".

Se você já identificou sua menos significativa linguagem da valorização pessoal, queremos incentivá-lo a conversar com seus colegas para quem essa seja a principal linguagem da valorização pessoal. Pergunte-lhes o que essas ações comunicam e como eles são encorajados por elas. Tente alcançar uma compreensão maior sobre a maneira como eles são impactados por essas linguagem da valorização pessoal em particular. Depois disso, ficará mais fácil para você aprender a usar tais linguagens para falar com colegas de equipe para quem elas são extremamente importantes.

### ACEITE A INFORMAÇÃO QUE VOCÊ RECEBE

Sabe-se que os gerentes bem-sucedidos procuram entender o ponto de vista das outras pessoas — diretores, clientes, colegas e aqueles a quem gerenciam. Se um gerente não consegue entender a perspectiva da outra pessoa, ele fará pressuposições erradas que, por fim, levarão a decisões ruins baseadas em informação imprecisa.

> Se um gerente não **consegue** entender a perspectiva da outra pessoa, ele fará **pressuposições erradas.**

Portanto, se os resultados do Inventário de Motivação através da Valorização Pessoal de um funcionário indicam que *tempo de qualidade* é importante para ele, o gerente e os colegas sábios levarão essa informação bem a sério. Talvez você não entenda plenamente por que passar tempo individual com o gerente tenha

## SUA MENOS SIGNIFICATIVA LINGUAGEM DA VALORIZAÇÃO PESSOAL 139

tanta importância, mas você o fará porque opta por levar em conta aquilo que ele diz. Se esperar até entender completamente a razão de tamanha importância para o funcionário, você pode perder muito tempo e oportunidades de comunicar apreciação — e, enquanto isso, pode ficar sem um membro da equipe.

### PLANEJE COMO FALAR A LINGUAGEM DE OUTRAS PESSOAS
Mesmo quando aceitamos que a perspectiva e os valores de outra pessoa são diferentes dos nossos, costuma ser difícil agir consistentemente de uma forma que afirme isso. Nossa tendência natural é nos deixarmos levar de volta para nosso próprio ponto de vista e nossas preferências. Desse modo, um gerente que valoriza *palavras de afirmação* terá como padrão automático dar encorajamento verbal aos membros de sua equipe.

Descobrimos que devemos fazer planos específicos para falar aquela linguagem da valorização pessoal que ocupa nosso ponto cego para que possamos ser comunicadores consistentes e eficientes de apreciação. Comunicar por meio de nossa linguagem

> **Normalmente fazemos** aquilo que agendamos.

menos significativa exige mais esforço; isso não surge naturalmente. Devemos pensar na questão de maneira mais intencional e tentar achar oportunidades de falar a linguagem das outras pessoas.

O sucesso talvez exija o planejamento de como você mostrará apreciação aos membros da equipe cuja linguagem seja oposta à sua. Quando, por exemplo, *tempo de qualidade* é a linguagem menos importante para um supervisor, é bem provável que esse supervisor não passe tempo com seus colegas. Jamais entra em sua cabeça que isso seja importante. Desse modo, um funcionário cuja linguagem principal é *tempo de qualidade* pode "definhar" enquanto espera apreciação de seu supervisor. Um gerente sábio tomará a iniciativa de marcar encontros profissionais regulares com aquele membro de sua equipe. Essencialmente, o gerente diz a si mesmo: "Sei que *tempo de qualidade* é a principal linguagem da valorização pessoal de Glenda. Também sei que isso não é tão importante para mim. Desse modo, é melhor eu anotar em minha agenda que devo parar de procurá-la a cada quinze dias para ver como estão as coisas". Normalmente fazemos aquilo que agendamos.

A linguagem que menos valorizamos pode se tornar nosso "ponto cego" na comunicação eficiente de apreciação aos colegas para quem essa linguagem seja altamente significativa. Entender essa dinâmica e dar os passos para corrigir o processo pode ser a chave para garantir que todos os membros da equipe se sintam valorizados por seu supervisor e seus colegas de trabalho.

## LEVANDO PARA O LADO PESSOAL

1. Qual é a sua menos significativa linguagem da valorização pessoal?
2. Há em sua equipe alguém cujo resultado do Inventário de Motivação através da Valorização Pessoal indique que a linguagem mais valorizada por ele é a que você menos valoriza?
3. Você consegue se lembrar da última vez em que falou essa linguagem em particular com aquele colega? Estaria disposto a reservar um momento para fazer planos específicos para falar a principal linguagem da valorização pessoal daquele funcionário durante os próximos sete dias? Se estiver, coloque isso em sua agenda.
4. Quando usar a linguagem principal daquela pessoa, observe cuidadosamente a reação dela. Cremos que ficará óbvio que seus esforços para expressar apreciação terão sido eficazes.

# 10

## A diferença entre reconhecimento e valorização pessoal

Nos capítulos anteriores, conversamos sobre o reconhecimento do trabalho dos funcionários ou de ocasiões que lhes são importantes, como a data em que se completa 25 anos de empresa, por exemplo. Tal reconhecimento é comum em muitas organizações. Na maioria dos casos, consiste numa tentativa sincera da parte da liderança de expressar apreciação por desempenho e tempo de serviço. Num primeiro olhar, pode parecer que tal reconhecimento seja o foco deste livro. Chegar a essa conclusão seria um erro. Cremos que existe uma grande diferença entre reconhecimento e apreciação.

> A **mera abordagem** do tipo "reconhecimento e recompensa" tem diversas **limitações**.

Um dos livros mais populares sobre a importância do reconhecimento é *O princípio do reconhecimento*, escrito por Chester Elton e Adrian Gostick. A abordagem dos autores enfatiza o reconhecimento público por realizações baseadas em desempenho. A maior parte de sua pesquisa foi feita com empresas com mais de mil funcionários. Eles procuram ajudar

142 AS CINCO LINGUAGENS DA VALORIZAÇÃO PESSOAL NO AMBIENTE DE TRABALHO

as organizações a desenvolver recompensas (na maioria financeiras) para os funcionários que apresentam alto desempenho.

Ainda que aprovemos o reconhecimento público do trabalho de qualidade e a importância das recompensas baseadas em desempenho, cremos que o foco sobre o reconhecimento e as recompensas é muito restrito e tem diversas limitações. Infelizmente, muitos líderes tendem a igualar reconhecimento e apreciação. Na realidade, o modelo de encorajamento de colegas por meio das linguagens de valorização pessoal é uma abordagem mais detalhada do que aquela que enfatiza o reconhecimento e a premiação. Vejamos alguns aspectos desse segundo tipo de abordagem.

## Limitação 1: ênfase sobre o desempenho

Enquanto o reconhecimento se concentra basicamente no *desempenho* ou na realização de certos objetivos, a apreciação se concentra no *valor do funcionário como pessoa*. O nível de desempenho do funcionário é certamente algo a se considerar, mas não deve ser o único ponto a ser levado em conta. Há momentos em que funcionários de alto desempenho não se saem bem numa tarefa ou cometem um erro importante.

> Será que não há lugar para a apreciação **quando alguém comete um erro?**

Por acaso eles deixam de ser valiosos para a organização nessas ocasiões? Também é preciso notar que nem todos os funcionários são grandes realizadores, mas todos precisam de apreciação e encorajamento. Enquanto o reconhecimento se concentra naquilo que a pessoa faz, a apreciação se concentra em quem a pessoa é.

Essa questão foi levantada por uma chefe de equipe durante uma de nossas sessões de treinamento. Donna perguntou:

"A apreciação deve ser expressa apenas quando os membros da equipe estão desempenhando bem suas funções? Será que não há lugar para a apreciação quando alguém comete um erro? Se não houver, parece-me que a apreciação se torna algo totalmente baseado em desempenho". Concordamos plenamente com essa visão. Embora os supervisores queiram apoiar e reforçar comportamentos positivos demonstrados por sua equipe, os funcionários também precisam ser encorajados quando estiverem passando por um "dia ruim". De fato, poderíamos concordar que, quando um colega reage de maneira imprópria a uma situação ou quando comete um erro, cria-se uma oportunidade para que o supervisor demonstre apreciação por esse indivíduo *apesar* do desempenho deste naquela situação em especial. Um comentário como "Matt, parece que você está tendo um dia desafiador. Há alguma coisa em que eu possa ajudá-lo?" pode significar muita coisa para seu subordinado, além de comunicar que seu apoio a ele vai além do desempenho diário.

Os gerentes também precisam ter em mente o contexto do comportamento. Um funcionário pode estar passando por um período de extrema dificuldade em sua vida pessoal: doença ou morte na família, dificuldades de relacionamento em casa ou desafios com sua própria saúde física. Tudo isso pode diminuir o desempenho de uma pessoa no trabalho.

Mudanças na empresa também podem afetar o desempenho dos empregados: redução do quadro de funcionários, aumento de responsabilidade ou mais horas de trabalho podem fazer diferença. Os desafios da economia global podem exigir que a companhia faça ajustes internos no quadro de pessoal. Isso desencadeia estresse e incerteza entre os funcionários, que procuram identificar seus novos papéis e responsabilidades.

Gerentes e supervisores que utilizam o encorajamento e a apreciação podem abordar esses fatores de maneira positiva e apoiadora, de um modo que os programas de reconhecimento não conseguem fazer. Particularmente naqueles momentos difíceis, os gerentes precisam comunicar ativamente apreciação, encorajamento e incentivo aos membros de sua equipe — não tomando o desempenho ou as realizações como base, mas fundamentando-se no valor que esses funcionários têm como pessoas.

É fato que as recompensas tendem a motivar aqueles que as recebem a continuar no mesmo patamar elevado de desempenho. Contudo, elas são menos eficientes para motivar aqueles que não as recebem. Em contrapartida, a apreciação, quando demonstrada na linguagem do destinatário, tende a motivar cada membro da equipe a alcançar seu potencial pleno. Quando nos sentimos apreciados, somos motivados a "subir mais alto". Por outro lado, sem apreciação, a tendência é nos acostumarmos ao desempenho medíocre, normalmente muito abaixo do nosso nível de capacidade.

Juanita, uma assistente administrativa do CEO de uma empresa de serviços financeiros, nos relatou o seguinte: "Meu maior objetivo é ajudar Eric [o CEO] a ser o mais bem-sucedido que puder, pois, quando ele é bem-sucedido, então a empresa toda se beneficia. E, quando ele se agrada do meu trabalho e me diz que aprecia tudo o que faço por ele, isso me motiva ainda mais: tenho um surto de energia e fico realmente pronta para enfrentar qualquer problema ou uma situação desafiadora". Ela concluiu com uma risada: "Quando estou fazendo o que devo e ele reconhece meus esforços, ah, o mundo que se prepare!".

## Limitação 2: perda de metade da equipe

As recompensas mais frequentemente oferecidas em programas de reconhecimento de funcionários em geral incluem apenas dois tipos de linguagem da valorização pessoal: *palavras de afirmação* e *presentes*. Nessas ocasiões, alguém faz um discurso que exalta os feitos do empregado e sua importância para a empresa. Depois, os funcionários recebem a recompensa: aumento de salário, um bônus, um novo título, um presente. Se a principal linguagem da valorização pessoal do homenageado forem *palavras de afirmação* ou *presentes*, ele provavelmente se sentirá profundamente apreciado. Contudo, para os 40 ou 50% dos funcionários cuja linguagem da valorização pessoal é *tempo de qualidade* ou *atos de serviço*, tais recompensas vão "errar o alvo" da comunicação de uma apreciação sincera.

Não apenas isso, mas pouco ou nenhum esforço é feito para identificar o tipo específico de reconhecimento que o funcionário homenageado apreciaria. Nós *sabemos*, por exemplo, que muitas pessoas não gostam de reconhecimento ou atenção públicos.

Fazemos a seguinte pergunta aos funcionários de todas as organizações com as quais trabalhamos o modelo de *motivação através da valorização pessoal*: "Qual de vocês não gostaria de ser reconhecido ou elogiado na frente de um grande grupo de colegas por um trabalho benfeito?". Não apenas sempre há vários que admitem não gostar do reconhecimento público, como a intensidade das reações é notável. Já ouvimos comentários como este: "Prefiro levar um tiro a ter de ficar na frente de um grupo para receber um prêmio!". Cremos que é importante dar ouvidos às reações e aos comentários dos empregados. Para muitas pessoas, honrarias e premiações em público provavelmente serão embaraçosas. Mas alguns proponentes do reconhecimento desprezam essas preocupações dizendo coisas como "Eles devem gostar, porque saem rindo nas fotos". De jeito nenhum! Gerentes e supervisores precisam entender e aceitar que *simplesmente porque você gosta de reconhecimento público não significa que todos os membros também gostem.*

## Limitação 3: reconhecimento "de cima para baixo"

É muito comum que o reconhecimento de funcionários seja implementado por meio de uma abordagem impessoal e de uma política corporativa de cima para baixo. Os funcionários sabem que o programa é elaborado por gestores do alto escalão, em vez de ser algo pessoal e individualizado. Ainda mais problemático é o ceticismo que essa abordagem pode criar quanto à

> Uma percepção de **apreciação não sincera** é **fatal** para uma organização.

legitimidade da apreciação comunicada. Cremos que este é um erro crítico, ainda que bem-intencionado, que os líderes organizacionais cometem: encarar o reconhecimento ou a apreciação pelos funcionários em termos de uma diretiva gerencial: "Isso é algo que todos nós vamos fazer".

O problema é que os empregados frequentemente perguntam a si mesmos: "Meu gerente está fazendo ou dizendo isso porque realmente pensa assim ou porque ele deve seguir o programa de reconhecimento da companhia?". Uma percepção de apreciação não sincera é fatal para uma organização, diminuindo a confiança de muitos funcionários.

Recebemos "reclamações" significativas sobre essa questão. Randy, que atua em uma organização sem fins lucrativos de apoio a jovens, disse: "Não quero que minha supervisora passe tempo comigo simplesmente porque deve fazê-lo, uma vez que minha principal linguagem de motivação é tempo de qualidade. Se ela não quiser passar tempo comigo, tudo bem. Mas não quero que finja. Isso é pior".

Portanto, ao colocar em prática programas de reconhecimento, os líderes organizacionais seriam mais eficientes se permitissem que seus subordinados optassem livremente por participar ou não. Descobrimos que muitos dos que se mostram inicialmente relutantes acabam se interessando pelo assunto depois de eles próprios terem preenchido o Inventário de Motivação através da Valorização Pessoal. Não nos opomos aos programas de reconhecimento e recompensa. Contudo, cremos que a ênfase na apreciação e no encorajamento tem um potencial muito maior para melhorar o clima emocional no local de trabalho e aumentar o nível de produtividade dos funcionários.

## Limitação 4: custo financeiro significativo

Por fim, outro lado negativo da abordagem reconhecimento/ prêmio é o custo envolvido. Diante da conjuntura financeira atual, muitas organizações — especialmente as sem fins lucrativos, escolas, ministérios e agências de serviço social — não têm fundos disponíveis para pagar bônus, grandes aumentos ou outros presentes que normalmente acompanham a abordagem reconhecimento/prêmio. E, em muitos casos, a prática de conceder recompensas financeiras significativas pelos objetivos alcançados não "bate" com o contexto geral da missão e dos valores da organização.

Por outro lado, os conceitos compartilhados no processo de *motivação através da valorização pessoal* podem ser colocados em prática em qualquer realidade financeira, tipo de organização, agência governamental, sistema de ensino, comércio ou organização sem fins lucrativos ou de cunho social. A abordagem da *motivação através da valorização pessoal* não precisa aguardar que os altos executivos a aprovem e comecem a facilitar sua implantação. O programa pode ser lançado em qualquer nível organizacional por gerentes, supervisores ou até mesmo um único funcionário que tenha o desejo de criar um clima mais positivo no ambiente de trabalho.

Dave foi exemplo desse fato. Ele ocupava um cargo de médio escalão na empresa em que trabalhava. Supervisionava uma equipe de cinco colegas, mas também pertencia a um grupo de gerentes que se reportavam a gestores de nível mais elevado, incluindo o presidente da empresa. Dave conhecia o trabalho que estávamos fazendo nesse projeto e perguntou se sua equipe poderia preencher o Inventário de Motivação através da Valorização Pessoal. Depois de fazerem isso, tivemos uma reunião com Dave e sua equipe e analisamos os resultados. À medida que trabalhamos lentamente para implantar o modelo da valorização pessoal dentro de seus relacionamentos, ele compartilhou o que estava fazendo com seus colegas gestores, e eles ficaram interessados. Depois de algumas semanas, continuamos a ouvir as histórias de Dave sobre a experiência e o impacto positivo que o projeto estava provocando nos relacionamentos interpessoais dentro da empresa. Após algum tempo, o presidente da empresa abordou Dave e disse: "Acho que seria bom que a equipe de liderança também passasse por esse processo — como podemos fazer com que isso aconteça?". E assim foi.

Temos visto constantemente que a aplicação da apreciação e do encorajamento individualizados no âmbito de um ambiente de trabalho tem transformado relacionamentos e atitudes. Cremos que colocar em prática os princípios que compartilhamos neste livro pode fortalecer o clima emocional de qualquer ambiente de trabalho.

## LEVANDO PARA O LADO PESSOAL

1. Sua empresa possui um programa de reconhecimento para os funcionários que apresentam desempenho excepcional e/ou permanecem na empresa por determinado número de anos?

2. Você já recebeu esse reconhecimento de sua empresa? Como você se sentiu ao recebê-lo?

3. Descreva como você entende a diferença entre reconhecimento e apreciação.

4. Se você tivesse a chance de optar entre receber reconhecimento ou apreciação, qual dos dois escolheria? Por quê?

5. Enquanto passava por um momento difícil de sua vida pessoal, você recebeu expressões de apreciação de um supervisor ou de um colega? O que eles disseram ou fizeram? Como você se sentiu diante disso?

6. Você já expressou apreciação a um colega de trabalho que estava passando por uma situação difícil? O que você disse ou fez? Como a pessoa reagiu?

7. Se você pudesse dar uma sugestão sobre como melhorar o clima em seu ambiente de trabalho, o que sugeriria? É realmente factível sugerir isso a alguém em sua empresa que tenha possibilidade de concretizá-lo?

# 11

# A motivação através da valorização pessoal e a diversidade de áreas de atuação

Durante o desenvolvimento do modelo de *motivação através da valorização pessoal*, conduzimos projetos piloto em diversas organizações e vimos que o modelo se mostrou eficiente em diversos cenários. Vamos analisar mais detalhadamente alguns deles.

### ORGANIZAÇÕES SEM FINS LUCRATIVOS

Muitas organizações sem fins lucrativos prestam serviços cuja utilidade é evidente ao grande público (Cruz Vermelha, Médicos sem Fronteiras, Exército de Salvação etc.). Outras servem apenas sua comunidade — por exemplo, entidades que apoiam manifestações artísticas locais. Organizações desse segundo tipo enfrentam a necessidade constante de conscientizar a comunidade de sua presença e missão, bem como precisam levantar fundos. Os membros da direção desses grupos precisam de encorajamento e apreciação contínuos.

Isso pode ser desafiador. Muito embora aqueles que trabalham em organizações sem fins lucrativos normalmente tenham um senso de chamado e se motivem pelo desejo sincero de servir outras pessoas, ainda assim eles precisam sentir-se apreciados. Líderes de organizações filantrópicas costumam ganhar significativamente menos do que receberiam em empresas comerciais. Essas instituições não são conhecidas por pagarem altos salários. Nesses ambientes de trabalho, é crucial considerar a necessidade de apreciação para manter a equipe energizada.

Muitas organizações sem fins lucrativos têm recebido menos fundos do que o necessário (especialmente nos últimos anos), e as exigências sobre a liderança dessas instituições são significativas, muitas vezes esmagadoras. Trabalhamos com uma grande variedade de entidades filantrópicas da área social: um local que fornece residência e tratamento para adolescentes com problemas comportamentais severos, uma clínica comunitária de aconselhamento para famílias de baixa renda, um programa de mentoria para crianças órfãs que moram no centro da cidade e várias entidades que atuam junto a igrejas. Todas essas organizações fazem um bom trabalho ao prestar serviços valiosos e necessários ao seu público. No entanto, normalmente são lugares difíceis onde trabalhar, com altas exigências, poucos recursos e baixo reconhecimento por parte da comunidade. Como resultado, a taxa de *burnout* da liderança (e dos voluntários) é alta. O modelo de *motivação através da valorização pessoal* funciona muito bem nesse tipo de instituição.

> Muito embora aqueles que trabalham em **organizações sem fins lucrativos** normalmente tenham um senso de chamado, **ainda assim eles precisam sentir-se apreciados**.

## SERVIÇOS FINANCEIROS

Há quem julgue que aqueles que trabalham em empresas ligadas à área financeira (seguradoras, fundos de investimento e bancos) não precisam do modelo de *motivação através da valorização pessoal*. Muitos acreditam que as pessoas que trabalham nessa área são motivadas basicamente pela recompensa financeira. Embora isso possa ser verdade em relação aos próprios conselheiros profissionais, sua equipe de apoio precisa de encorajamento constante pelo fato de trabalhar num ambiente normalmente exigente, onde se trabalha sob grande pressão.

Conversamos com os mais altos executivos de uma grande empresa norte-americana de seguro de vida. Uma das preocupações mais verbalizadas foi: "Como podemos manter nossa equipe? Eles ficam frustrados conosco e saem depois de doze ou dezoito meses. A taxa de rotatividade está nos matando". Ao nos encontrarmos com o pessoal da área de apoio (sem a presença dos profissionais de finanças), descobrimos que gerentes de escritório, recepcionistas, assistentes administrativos e técnicos costumam apresentar grande necessidade de sentirem-se apreciados por seus chefes.

Uma empresa da área financeira com a qual trabalhamos é composta por profissionais de finanças e consultores comerciais gabaritados que atendem empresas familiares extremamente ricas. Os donos dessas empresas se cercaram de equipes altamente qualificadas, com funcionários arrojados, leais e muito competentes em sua área de especialização. Contudo, embora sejam economicamente bem-sucedidos, todos os funcionários da companhia financeira reconhecem sua necessidade de apreciação e encorajamento vindos dos outros para "seguir em frente" e se sentirem satisfeitos com seu trabalho. Então, todo o grupo preencheu o Inventário de Motivação através da Valorização Pessoal e foi adiante, usando os resultados para encorajar uns aos outros. Eles também incorporaram as Aplicações Práticas em sua avaliação de desempenho semestral. Cremos que todas as organizações ligadas a serviços financeiros considerarão o modelo de *motivação através da valorização pessoal* extremamente útil.

## EMPRESAS FAMILIARES

Verificou-se que mais de 85% de todos os negócios nos Estados Unidos são de origem familiar. Cerca de 35% das organizações que figuram na lista das 500 maiores empresas segundo a revista *Fortune* caracterizam-se como empreendimentos familiares. De fato, instituições desse tipo empregam 60% de toda a mão de obra formalmente ativa nos Estados Unidos.

As empresas familiares abrangem uma grande variedade de ramos de atuação: construtoras (residencial, comercial e de estradas), lavanderias, restaurantes, concessionárias de automóveis, fábricas, bancos, imobiliárias, empresas de lavagem de carros, de instalação de condicionadores de ar etc. — a lista é praticamente interminável. Também há vários tamanhos de empresas familiares, desde as que contam com uns poucos funcionários até as que dispõem de milhares de colaboradores em todo o mundo.

> Uma das coisas que as empresas familiares têm em comum é o fato de os relacionamentos no ambiente de trabalho serem complicados.

Uma das coisas que as empresas familiares têm em comum é o fato de os relacionamentos no ambiente de trabalho serem complicados. Normalmente diferentes gerações de familiares trabalhando juntas. Muitas vezes, os pontos de vista sobre a maneira como a empresa deve ser gerida são conflitantes. Também existem os relacionamentos entre os funcionários que não fazem parte da família e os que fazem. Nesse complexo labirinto de relações, a habilidade de comunicar apreciação pelo trabalho realizado e encorajamento para perseverar em meio a tarefas difíceis é essencial para o sucesso do negócio.

Para surpresa daqueles que não trabalham em empresas familiares, os membros da família costumam ser os funcionários que se sentem *menos* apreciados. Isso parece ser uma experiência comum, talvez porque os outros os vejam como pertencentes ao grupo dos proprietários e concluam que, por isso, não precisam ser encorajados.

Uma integrante de uma família de proprietários nos confidenciou: "Ninguém entende a pressão que sinto. Não importa o que eu faça, nunca está bom o suficiente para o meu pai. Os funcionários que não são da família pensam que estou bem em termos financeiros. Na verdade, ganho menos dinheiro que a maioria dos outros gerentes e não participo da divisão de lucros da empresa. Se eu pudesse sair, sairia; mas agindo assim eu destruiria meu relacionamento com minha família, e não quero que isso aconteça". Essa mulher precisava saber que era valorizada pelos outros funcionários da empresa, incluindo seus pais.

Percebemos também, por meio de nossa experiência, que os empresários fazem parte de um dos grupos mais solitários

> Percebemos também, por meio de nossa experiência, que **os empresários fazem parte de um dos grupos mais solitários** de todo o quadro de funcionários.

de todo o quadro de funcionários. Em razão de sua posição hierárquica e também de sua personalidade empreendedora, os proprietários de negócios raramente recebem manifestações de apreço por parte de seus empregados. Muitos empresários concluíram que "as coisas são assim mesmo" e não esperam apreciação de sua equipe. Desse modo, se você é um funcionário, ainda que pareça que seu chefe esteja bem, queremos incentivar enfaticamente que você reserve tempo e esforço para comunicar gratidão por tudo o que ele faz pela empresa. Você também pode encorajá-lo a preencher o Inventário de Motivação através da Valorização Pessoal e a considerar a possibilidade de disponibilizar esse recurso a todos os funcionários.

## ESCOLAS

Independentemente de qual seja o nível de educação em que atuam, as escolas experimentam enormes desafios. Cremos que, na sociedade atual, o ambiente escolar seja um dos mais difíceis nos quais trabalhar. Professores e profissionais de educação enfrentam exigências de todos os lados: satisfazer padrões federais e estaduais, lidar com alunos com dificuldade de aprendizado e problemas comportamentais, enfrentar os desafios diários da classe e as demandas acadêmicas. Adicione uma miríade de outras questões a serem tratadas — pais estressados, conflitos conjugais, uso de drogas (tanto por alunos quanto pelos pais) e ambientes domésticos caóticos — e você terá um caldeirão cheio de desânimo e cansaço.

Combine esses fatores com a diminuição dos fundos disponíveis para recursos, a decadência das instalações físicas e a falta de aumento de salário para toda a equipe, e o resultado é um ambiente de trabalho no qual os empregados se veem às voltas com grandes exigências e pouca recompensa tangível. Esse é o tipo de cenário em que a constante comunicação de apreço é vital para a direção e para os professores, a fim de que não percam as forças nem se desanimem.

> "Não posso lhes dar aumento de salário, mas **posso fazer coisas que os ajudem a sentir** que aquilo que estão fazendo **é importante**."

Uma diretora de escola de ensino fundamental disse: "Para mim, é muito importante saber como incentivar de modo especial meus professores de maneira prática. Não posso lhes dar aumento de salário, mas posso fazer coisas que os ajudem a sentir que aquilo que estão fazendo é importante e é notado".

Ao descobrir o Inventário de Motivação através da Valorização Pessoal, o administrador de uma escola de ensino médio situada numa zona carente da cidade ficou entusiasmado porque a proposta do inventário combinava com um programa que a prefeitura estava implementando ali. O programa foi planejado para fornecer treinamento, recursos e apoio visando a incentivar a liderança, mas não havia uma ferramenta prática para fazer isso. Depois da primeira utilização do inventário com sua equipe administrativa, o administrador então levou seus principais professores a preencher o questionário e a usar os resultados em suas reuniões semanais. Embora nem todos os membros da equipe administrativa tenham se animado no início, de fato fizemos algumas descobertas interessantes no transcorrer das semanas seguintes. Aqueles que desde o início foram receptivos à proposta de *motivação através da valorização pessoal* assimilaram rapidamente o modelo na comunicação que tinham com os membros de sua equipe. Tornaram-se entusiasmados apoiadores do processo, incentivando outros a usá-lo também. Os indivíduos inicialmente céticos (ainda que dispostos a ver como o modelo funcionaria) se animaram à medida que percebiam que o modelo não tinha a ver com manipulação, mas que se concentrava apenas em comunicar apreciação autêntica.

Ambientes universitários também estão prontos para o gerenciamento com base na apreciação. Para aqueles que nunca trabalharam em faculdades ou universidades, é importante saber que esses ambientes são altamente burocráticos, lugares nos quais regularmente acontecem batalhas territoriais. Existem também hierarquias muito claras (alunos de pós-graduação, professores auxiliares, professores com doutorado, docentes com outros títulos, chefes de departamento, vice-reitores...) e a cultura organizacional normalmente é bastante competitiva. Como resultado, não há muita afetuosidade nas relações interpessoais, e a comunicação positiva e apoiadora entre os colegas pode ser bastante rara. Administradores que comunicam gratidão e apreciação aos membros de sua equipe em pouco tempo se tornam supervisores eficientes.

Foi isso o que aconteceu enquanto eu (Paul) dava andamento ao meu programa de doutorado na Universidade Estadual da Geórgia, em Atlanta. O chefe do meu departamento, Richard "Pete" Smith, era um profissional muito competente. Ele também era terno e carinhoso com seus subordinados. Richard não deixava que seus altos padrões de competência profissional interferissem no tratamento respeitoso e agradecido que dispensava aos demais — havia até mesmo uma lista de pessoas dentro da universidade que queriam trabalhar para ele. Em todos os níveis da área de educação, expressar apreciação significativa produz resultados positivos.

## CONSULTÓRIOS MÉDICOS E DENTÁRIOS

Descobrimos que as clínicas médicas são muito receptivas ao modelo de *motivação através da valorização pessoal*. Clínicas dentárias e ortodônticas, de fisioterapia, de oftalmologia e uma ampla gama de empresas de serviços de saúde relatam sucesso ao seguirem o programa de *motivação através da valorização pessoal*. Mesmo antes de implementar nosso modelo, os profissionais desse ramo de atividade já nos dizem: "Precisamos disso!".

Conduzimos um projeto piloto com uma clínica de fisioterapia. Incluímos todos os terapeutas, assistentes, estagiários e também a equipe administrativa. Antes do projeto, aplicamos um pré-teste anônimo a cada participante. Fizemos seis perguntas, como "Em seu cargo atual, qual é o nível de apreciação que você julga receber de seu supervisor?" e "Quanto você acha que seus colegas e seu supervisor se sentem apreciados por você pelo trabalho que realizam?".

> **Outro terapeuta disse**: "Parece que a valorização pessoal agora **faz parte de nós**".

Depois de eles terem participado de uma sessão introdutória, preenchido o Inventário de Motivação através da Valorização Pessoal e recebido os resultados desse inventário, nós apresentamos o mesmo conjunto de perguntas como um pós-teste. Descobrimos que as notas do grupo foram mais altas nas seis perguntas desse segundo teste. E essa diferença foi motivada tão somente pela divulgação do resultado dos inventários, sem nenhuma discussão sobre a implementação das descobertas.

160　As cinco linguagens da valorização pessoal no ambiente de trabalho

Em seguida, ajudamos a equipe a desenvolver um plano de ação para comunicar apreciação uns aos outros de maneira mais consistente. Após quatro semanas, fizemos uma reunião para ver como as coisas estavam andando. Pedimos que preenchessem outro formulário com notas e comparassem os resultados mais recentes (após a implementação do modelo) com anteriores (antes e depois do inventário). Mais uma vez, as notas do grupo melhoraram em todas as questões.

Os comentários verbais que recebemos também foram encorajadores. Um dos supervisores da fisioterapia comentou: "Essa tem sido uma experiência muito benéfica para nós. Apesar de este já ser um lugar positivo, no qual dizemos 'obrigado' uns aos outros várias vezes, passar por este processo reforçou e melhorou aquilo que já estávamos fazendo". Outro terapeuta disse: "Parece que a valorização pessoal agora faz parte de nós. Todos começamos a mostrar apreciação mais constantemente e de maneira regular. Isso se tornou uma parte de nossa cultura". Nosso desejo é que muitos consultórios médicos e dentários descubram o valor da *motivação através da valorização pessoal*.

## MINISTÉRIOS E IGREJAS

Funcionários de igrejas e de outros ministérios têm um relacionamento singular com sua vocação. Além de seu trabalho ser uma fonte de renda, eles também trabalham com um senso de chamado espiritual e um desejo de servir aos outros. Em muitos ambientes eclesiásticos, espera-se dos funcionários que deem de si mesmos de forma sacrificial, o que quase sempre inclui uma remuneração menor do que o que eles poderiam receber para realizar um trabalho similar num ambiente diferente.

Pesquisas demonstraram que pastores têm um nível mais elevado de *burnout* quando não se sentem apreciados por aqueles a quem servem. Nossas observações pessoais confirmam essa descoberta. Pastores (incluindo pastores auxiliares, ministros de jovens e crianças, líderes de ministérios com mulheres e de adoração) costumam se sentir criticados e relatam que declarações de encorajamento são "escassas, havendo um grande intervalo de tempo entre uma e outra".

> Em nosso trabalho com funcionários de igrejas, sistematicamente identificamos uma profunda sede de apreciação.

Em nosso trabalho com funcionários de igrejas e indivíduos que trabalham para outros ministérios, não eclesiásticos, sistematicamente identificamos uma profunda sede de apreciação. Essas pessoas não estão em busca de recompensa financeira e raramente desejam altos níveis de elogio. Mas elas expressam honestamente a necessidade de serem valorizadas pelo tempo e esforço que dedicam. Quando a apreciação não surge, elas costumam ficar desanimadas.

Observamos que nessas organizações é comum existirem os "encorajadores" — aquelas pessoas que assumem a tarefa de incentivar os líderes e os voluntários. Esses indivíduos são altamente valorizados pelos colegas da instituição. Contudo, a tarefa é grande demais para ser executada de maneira eficiente por alguns poucos "encorajadores". Em geral com boas intenções, eles tentam mostrar apreciação aos outros da maneira que eles próprios se sentem encorajados. Desse modo, costumam "errar o alvo" e seus esforços não são tão bem-sucedidos quanto gostariam. A implantação do modelo de *motivação através da valorização pessoal* no ambiente da igreja ou de um ministério oferece uma ferramenta prática para que se faça algo que é desesperadamente necessário: expressar apreciação de maneira eficiente.

## FÁBRICAS

Já nos disseram que o modelo de *motivação através da valorização pessoal* não funcionaria no setor de manufatura. "Essa coisa de apreciação é muito 'melindrosa'", argumentou um consultor comercial. Outro proprietário de empresa alegou: "Supervisores e funcionários da produção, no chão de fábrica, não se importam com sentimentos. Eles querem apenas fazer o trabalho e receber o salário no final do mês".

Contudo, o que descobrimos é que há donos de empresas de manufatura que entendem a necessidade de mostrar apreciação aos membros de suas equipes, e que estão ativamente em busca de um modelo que funcione dentro de sua organização. Quando o proprietário entende os benefícios potenciais (releia o capítulo 2, sobre o retorno do investimento da apreciação e do encorajamento) e encontra um modelo prático que possa aplicar ao seu ambiente, ele se torna um líder visionário e coloca as ideias em ação dentro de sua empresa.

Uma dessas organizações, uma pequena empresa que fabrica e monta componentes elétricos, pediu que apresentássemos à sua equipe de liderança o processo de *motivação através da valorização pessoal*. Depois que nós realizamos a primeira reunião, apresentamos uma ideia geral do modelo de *motivação através da valorização pessoal* e destacamos a importância da valorização pessoal no ambiente de trabalho, o presidente, os vice-presidentes e os diretores de várias áreas preencheram o Inventário de Motivação através da Valorização Pessoal. Reunimos os resultados da equipe de liderança

A MOTIVAÇÃO ATRAVÉS DA VALORIZAÇÃO PESSOAL  163

em um gráfico, de modo que todos pudessem ver quais eram as linguagens da valorização pessoal principal, secundária e menos significativa de cada um. Depois, cada líder montou um plano de ação sobre a maneira como eles comunicariam apreciação e encorajamento aos outros colegas, começando por escolher um ou dois membros da equipe para serem seu foco. Algumas semanas depois, tivemos uma reunião de acompanhamento para relatar os resultados positivos potenciais, assim como para discutir desafios que aqueles profissionais estavam enfrentando depois de terem procurado implantar o processo de apreciação.

Foi fascinante ver e ouvir o entusiasmo e os risos na sala quando os líderes relataram suas experiências. Um dos diretores disse: "Sabe, com o passar dos anos, aprendi que, quando você comunica apreciação a sua equipe, isso cria um senso de lealdade. As pessoas farão quase qualquer coisa por você, porque elas sabem que você se importa com elas individualmente. Creio que os bons gerentes entendem isso. Mas este modelo e o inventário me forneceram as informações específicas de que eu precisava para saber *como* encorajar meus funcionários e o que seria significativo para eles. Agora não preciso adivinhar ou imaginar se acertei o alvo. Esse negócio é poderoso!".

Também exploramos a potencial desconexão entre a menos significativa linguagem da valorização pessoal do presidente (*palavras de afirmação*) e a linguagem principal de dois de seus principais líderes — que também consistia em *palavras de afirmação*. O presidente disse:

> "A melhor maneira de me encorajar é fazer o que você deve fazer."

"Minha linguagem principal são *atos de serviço*. E, para ser totalmente honesto, o significado disso para mim é 'vamos fazer acontecer'. A melhor maneira de me encorajar é fazer o que você deve fazer. Isso alivia minha carga. Contudo, uma vez que não valorizo muito o elogio verbal, posso ver onde preciso melhorar para comunicar minha apreciação a vocês, pessoal". Nesse momento, um de seus subordinados disse, em um tom de voz bem-intencionado: "Ah! Já sabe?". A sala inteira explodiu numa risada, incluindo o presidente. Essa equipe de liderança estava aprendendo que expressar apreciação pode não apenas motivar, mas também ser engraçado.

## OUTRAS POSSÍVEIS APLICAÇÕES

Esses são apenas uns poucos exemplos da utilização do modelo da valorização pessoal nos diversos ambientes de trabalho. A necessidade de encorajamento e apreciação também está sendo comunicada entre a liderança de *forças policiais*. Em seu artigo na revista *Law and Order*, Robert Johnson defende que a capacidade de conectar-se às pessoas separa os líderes eficientes dos meros administradores. Ele declara: "Muito embora os prêmios sejam bons, os militares precisam da expressão emocionalmente sincera de aprovação e apreciação profunda por um trabalho bem realizado [...]. Naqueles raros momentos em que tomam uma decisão questionável e se recriminam por isso, o que eles precisam é de encorajamento, não de julgamento".

Sabemos também que nas *repartições públicas* é crescente o interesse pelo modelo de *motivação através da valorização pessoal*. São ambientes de trabalho onde há pouco espaço para incentivos financeiros e promoções baseadas em desempenho. Como consumidores dos serviços fornecidos por essas repartições, costumamos ver o desânimo e a apatia demonstrados por funcionários públicos. Cremos firmemente que essa é uma área na qual nosso modelo pode melhorar significativamente o ambiente de trabalho e a experiência diária desses indivíduos.

Já foram realizadas pesquisas no setor de gerenciamento de hotéis e restaurantes que demonstram a necessidade de um modelo de motivação através da valorização pessoal. Mais de três décadas de investigações revelaram que o estilo de liderança e comportamento dos gerentes é responsável por mais de 70% das características do clima organizacional. De fato, descobriu-se que os sentimentos dos funcionários sobre a gerência são considerados o principal fator de melhoria na percepção que os funcionários têm do clima organizacional de sua empresa. Gerentes bem-sucedidos desenvolvem e melhoram a comunicação face a face com seus funcionários; demonstram cuidado e respeito aos empregados mostrando-lhes apreciação e gratidão, encorajando e facilitando o trabalho em equipe.[1]

Contadores estão percebendo a necessidade de lidar com os aspectos relacionais de seu ambiente de trabalho. A Certified Public Accountants (CPA), órgão regulador desse segmento nos Estados Unidos, confirmou que as habilidades de inteligência emocional são fundamentais para o sucesso nessa profissão. Como parte do modelo de treinamento para essas habilidades, o modelo de "boas práticas" para empresas ligadas à CPA inclui a advertência para se "encorajar pessoas a construir uma rede de apoio e encorajamento".[2]

Conforme discutido no capítulo 2, estudos mostram que o papel da apreciação e do encorajamento está sendo investigado em praticamente todos os ambientes de trabalho, de médicos e advogados a professores e funcionários de creches, de pastores e conselheiros a motoristas de ônibus e trabalhadores da construção civil, chegando até mesmo a árbitros de futebol!

A necessidade de apreciação e encorajamento também não encontra barreiras geográficas. O Inventário de Motivação através da Valorização Pessoal já foi traduzido para idiomas como chinês, espanhol e vietnamita, e planejamos traduzi-lo para outros idiomas também (turco, coreano, alemão e francês). O modelo de *motivação através da valorização pessoal* vem sendo usado internacionacionalmente, e sabemos que há gestores ansiosos pela disponibilização desses recursos. Estamos animados diante das oportunidades de ajudar gerentes, supervisores e colegas de trabalho na criação de um ambiente profissional mais positivo.

> **A necessidade de apreciação e encorajamento** também não encontra barreiras geográficas.

## LEVANDO PARA O LADO PESSOAL

1. Com base na lista a seguir, marque o item que mais precisamente identifica a organização ou empresa na qual você trabalha.

   - Organização sem fins lucrativos
   - Prestadora de serviços na área de saúde
   - Prestadora de serviços financeiros
   - Indústria
   - Empresa familiar
   - Corporação policial
   - Escola
   - Instituição de serviço público
   - Faculdade ou universidade
   - Hotel
   - Consultório médico ou dentário
   - Restaurante
   - Outras atividades do setor de serviços
   - Loja de varejo
   - Igreja
   - Agência de seguros
   - Artes/meios de comunicação

2. Qual é o maior desafio do seu trabalho?
3. Em seu trabalho, o que lhe dá maior satisfação?
4. Se você tem dificuldades para permanecer motivado em seu emprego, o que causa seu mais profundo senso de desânimo?
5. Em que aspectos você acha que a compreensão das linguagens da valorização pessoal poderia melhorar seu ambiente de trabalho?

# 12

## As características singulares do ambiente de voluntariado

O voluntariado tem sido descrito como uma atividade na qual o tempo é dado livremente em benefício de outra pessoa, grupo ou organização.[1] Mais da metade da população adulta dos Estados Unidos relata que se envolve em algum tipo de atividade voluntária no transcorrer de um ano. Isso indica que dezenas de milhões de pessoas estão doando parte de seu tempo para servir a outros de alguma maneira. É uma enorme força de trabalho a ser gerenciada, como pode assegurar qualquer um que já esteve à frente de voluntários.

Entre os voluntários incluem-se famílias, estudantes, adolescentes, jovens adultos, casais, adultos de meia-idade e idosos. Muitos jovens em idade escolar se iniciam no voluntariado como parte de suas atividades escolares ou por meio de organizações como os escoteiros e as bandeirantes, bem como de grupos de mocidade em igrejas. Contudo, muitos universitários e adultos jovens reduzem seu voluntariado por um tempo, aparentemente enquanto estão envolvidos no desenvolvimento da carreira e na busca de relacionamentos pessoais significativos.

Entre as mulheres adultas, 20% afirmam envolver-se com voluntariado. É interessante destacar que as mulheres relatam que se envolvem em atividades de voluntariado para melhorar relacionamentos já existentes, enquanto os homens apontam que começam no voluntariado para desenvolver novos relacionamentos. Muitos adultos se envolvem em atividades voluntárias pelo propósito declarado de desenvolver redes de contatos e conexões profissionais. Isso pode ocorrer através de organizações cívicas como Rotary Internacional, as câmaras locais de comércio e outras organizações sem fins lucrativos.

Embora várias pessoas pensem que muitos idosos já aposentados do trabalho em tempo integral compõem grande parte da mão de obra voluntária, os pesquisadores descobriram que o número de pessoas que começam o voluntariado durante a aposentadoria não é significativamente mais alto. Contudo, aqueles que foram voluntários durante a vida adulta começam a contribuir com uma fatia maior de seu tempo durante a aposentadoria.

## ONDE OS VOLUNTÁRIOS TRABALHAM

Nos Estados Unidos e ao redor do mundo, centenas de milhares de organizações utilizam voluntários todas as semanas. A extensão e a amplitude de seu impacto parecem praticamente imensuráveis. Pense por um instante na sua agenda semanal e no número de organizações com as quais você interage como parte de sua vida diária. Muitas dessas organizações têm voluntários como parte de sua força de trabalho. Veja algumas instituições que dependem de ajuda voluntária: escolas (públicas e particulares), hospitais, bibliotecas, equipes esportivas, postos de informação turística, aeroportos, museus históricos, zoológicos, abrigos para animais, clubes de meninos e meninas, festas comunitárias, museus de arte, igrejas e outros locais de culto, abrigos de aposentados, acampamentos, organizações musicais e de serviços comunitários, agências de serviços sociais e organizações voltadas ao meio ambiente.

Os voluntários compartilham seu tempo e seus talentos. O serviço voluntário pode incluir fazer companhia a outras pessoas, como envolver-se em relacionamentos com irmãs ou irmãos mais velhos ou participar de jogos com pacientes de clínicas de repouso ou de aposentados, por exemplo. Mas também pode envolver o uso de aptidões específicas, como experiência administrativa ou clerical, talentos musicais ou artísticos e outras habilidades profissionais especializadas (*design* gráfico, carpintaria, propaganda). Muitas vezes, pede-se aos voluntários que contribuam com trabalho físico para ajudar a diminuir os custos de um projeto.

Alguns voluntários firmam compromissos regulares, como cuidar de um abrigo de animais na parte da tarde, lecionar numa classe de ensino religioso para crianças ou trabalhar como recepcionista para uma organização sem fins lucrativos. Outros oferecem seu tempo e serviço em compromissos mais esporádicos. Podem, por exemplo, predispor-se a ajudar numa festa anual da comunidade, levar estudantes a eventos ou ajudar a construir casas em projetos comunitários. Outras pessoas estão acostumadas a ajudar uma organização favorita, trabalhando em eventos anuais de levantamento de fundos ou em festas promovidas pela instituição.

Para aqueles que estão à procura de voluntários e para os que os gerenciam pode ser muito útil entender quem são essas pessoas, o que elas fazem e com que frequência estão envolvidas em servir. Depois de terem sido recrutados, os voluntários podem apresentar uma ampla gama de expectativas relacionadas àquilo que se dispõem a fazer, e também a quando e com que regularidade estão dispostos a servir. Isso leva ao desafio de manter os voluntários envolvidos e encorajados.

## AS DESVANTAGENS DE CONTAR COM VOLUNTÁRIOS

As organizações que utilizam voluntários têm um dilema inerente. Por um lado, os voluntários são um recurso valioso. Eles fornecem serviços "gratuitamente" (na verdade, há um custo para treiná-los e supervisioná-los). Portanto, as entidades podem fazer uso dos voluntários para a realização de muitos trabalhos que, de outro modo, não seriam financeiramente viáveis. Por outro lado, por sua própria característica, os voluntários não são tão confiáveis quanto os empregados remunerados. Uma vez que o relacionamento de trabalho entre um voluntário e uma organização é informal por natureza, a confiabilidade da equipe de voluntários às vezes é menor que a desejável.

Os voluntários podem ser exigentes, esperando certas coisas da organização e não se dispondo a realizar determinados trabalhos. Podem se chatear ou se ofender por algo que observam na instituição. Com essa mentalidade, podem criar confusão ou simplesmente interromper os serviços que prestam.

A verdade é que, às vezes, o custo de voluntários para a organização é maior do que o valor do trabalho que realizam. O custo do tempo perdido pela equipe remunerada para supervisionar, hospedar, alimentar e receber grandes grupos de voluntários pode ser enorme. Essa realidade tem levado algumas empresas a reavaliar o custo-benefício de usar voluntários.

As características singulares do ambiente de voluntariado 173

Mas o maior desafio que a maioria dos supervisores de voluntariado tem é o fato de que o serviço voluntário tende a ser de "curto prazo". Embora muitas pessoas estejam envolvidas nesse tipo de atividade, permanecer comprometido com a mesma organização durante bastante tempo é algo menos comum. Muitos voluntários trabalham para uma instituição durante semanas ou meses e depois desaparecem, abandonam o serviço. A rotatividade de trabalhadores voluntários é extremamente alta e um dos maiores desafios para administradores de organizações que se utilizam deles.

## POR QUE É IMPORTANTE QUE OS VOLUNTÁRIOS ENCONTREM SATISFAÇÃO NO QUE FAZEM

A satisfação no trabalho não é um assunto reservado apenas a empresas comerciais. Indivíduos que trabalham em organizações sem fins lucrativos e aqueles que se voluntariam também desejam ter um senso de satisfação gerado pelo trabalho que realizam. Pesquisadores investigaram o impacto da satisfação no trabalho nessas organizações filantrópicas e sobre os voluntários que trabalham nelas.

A retenção de voluntários é um dos principais desafios para as organizações sem fins lucrativos. Veja a seguir algumas conclusões da pesquisa.

> A retenção de voluntários é **um dos principais desafios** para as organizações sem fins lucrativos.

*A baixa satisfação no trabalho aumenta a rotatividade.* Existe maior possibilidade de que funcionários e voluntários de organizações sem fins lucrativos desistam quando não gostam do trabalho que realizam ou das características da instituição na qual atuam. Essas pessoas podem, de fato, mudar-se para uma organização diferente ou para outro tipo de trabalho, mas é baixa a probabilidade de que continuem numa posição que não traga satisfação pessoal.

*A rotatividade afeta a qualidade do serviço prestado.* Quando as organizações apresentam alta rotatividade de pessoal, isso afeta diretamente sua capacidade de prover serviços contínuos e qualificados para aqueles a quem elas servem. A curta permanência de funcionários e voluntários dificulta o treinamento adequado de novos colaboradores, e a falta de experiência dessa nova força de trabalho pode afetar a qualidade dos serviços prestados.

*Quando seus esforços não são reconhecidos, os voluntários desistem mais facilmente que outros trabalhadores.* Os voluntários se desanimam e desistem relativamente rápido quando sentem que ninguém nota ou aprecia seus esforços. O senso de falta de reconhecimento e apreciação é um fator significativo na descontinuidade do trabalho voluntário.

*Uma das "boas práticas" que as organizações sem fins lucrativos podem seguir inclui o reconhecimento e a apreciação do voluntário.* Profissionais que prestam consultoria regular a organizações que contam com a ajuda de voluntários para melhorar sua eficácia descobriram que comunicar apreciação é fundamental para que essas instituições sejam bem-sucedidas na realização de seus objetivos.

*Muitos voluntários relatam que a principal razão pela qual desistem é um senso de isolamento e falta de apoio de outras pessoas.* Os voluntários precisam se sentir conectados a seus supervisores e colegas de trabalho, bem como apoiados por eles. Se não for assim, a duração de seu serviço será limitada.

## POR QUE AS PESSOAS ENTRAM NO
## VOLUNTARIADO E POR QUE CONTINUAM ALI

Como psicólogo, eu (Paul) costumo lidar com comportamentos problemáticos. As pessoas podem buscar ajuda para lidar com questões de ira, depressão, desejo de perder peso ou para melhorar seu casamento — a lista é quase infindável. Quando se trata de mudança de comportamento, existe um princípio fundamental que precisa ser compreendido: normalmente, as razões pelas quais uma pessoa dá início a um comportamento e a razão de o comportamento continuar são bastante distintas.

Isso é muito importante na questão dos voluntários, pois as razões de as pessoas começarem no trabalho voluntário normalmente são bastante distintas da razão pela qual elas continuam como voluntárias. Deixe-me explicar isso primeiramente exemplificando razões comuns pelas quais as pessoas começam a prestar serviço voluntário:

- Tal serviço fazia parte dos valores e do estilo de vida da família durante a fase de desenvolvimento desses indivíduos.
- É uma exigência da organização da qual se faz parte.
- Para socializar com amigos já existentes.
- Para desenvolver novos contatos sociais.
- Para retribuir a uma organização que serviu a essas pessoas ou à sua família.
- Em resposta a uma crise ou necessidade específica (inundação, furacão, terremoto etc.).
- Preocupação relacionada a uma necessidade surgida na comunidade.
- Crenças e razões religiosas para se ajudar os menos afortunados.

- Desejo pessoal de compartilhar com outros os benefícios de que se dispõe.

Perceba que "reconhecimento" não está entre as razões pelas quais as pessoas se tornam voluntárias.

Mas por que as pessoas dão prosseguimento ao voluntariado? Entre as razões comumente citadas, temos:

- Experimentar um senso de contribuição a uma causa maior que si próprio.
- Ser capaz de fazer diferença na vida de alguém ou de alguma comunidade.
- Desfrutar dos relacionamentos sociais desenvolvidos enquanto se trabalha junto de outras pessoas em projetos de utilidade pública.
- Receber um *feedback* positivo em relação ao serviço que presto.
- Ter um senso de lealdade ou compromisso em relação à organização ou à causa.

Manter voluntários envolvidos por longo prazo é um enorme desafio para os gerentes de organizações sem fins lucrativos. Desse modo, cremos que entender as necessidades e os desejos dos trabalhadores voluntários é fundamental para se conseguir mantê-los por longos períodos de tempo. Se você analisar as razões pelas quais as pessoas continuam no voluntariado, verá que elas se encaixam em duas categorias: conexão social e senso de utilidade.

Quando os voluntários se sentem conectados a outros — aqueles a quem estão servindo, aos seus colegas de trabalho e à equipe de liderança da organização —, a longevidade de seu compromisso aumenta dramaticamente. Em contrapartida, sabemos que os voluntários desistem quando se percebem isolados dos outros, quando carecem de apoio por parte dos líderes e quando não se julgam relacionalmente conectados àqueles a quem estão servindo.

A maioria dos voluntários também quer "fazer diferença". Eles desejam saber que aquilo que estão fazendo é importante e está causando um impacto positivo sobre outras pessoas. O problema é que muitos dos esforços dos voluntários não provocam diferenças imediatamente significativas e visíveis. Portanto, esses trabalhadores nem sempre conseguem ver o impacto daquilo que realizam. É fundamental que seus supervisores e equipe de apoio os ajudem a ver de que modo seu serviço se encaixa num contexto mais amplo, e como fará diferença no transcorrer do tempo. Os voluntários precisam do *feedback* de seus supervisores para que possam entender a utilidade de seu serviço.

> Os voluntários precisam do *feedback* de seus supervisores para que possam entender a **utilidade de seu serviço**.

### DE QUE MANEIRA A APRECIAÇÃO FAZ DIFERENÇA

É muito importante o papel que o supervisor e o encorajamento dos colegas desempenham no aumento da percepção do voluntário em relação à sua conexão social e à utilidade daquilo que faz. Comunicar de maneira eficiente apreciação pelo trabalho que executam, de um modo que lhes seja significativo, pode aumentar significativamente a permanência dos voluntários.

Descobrimos que organizações que reservam tempo para investigar de que maneira seus voluntários são mais bem encorajados e que descobrem a principal linguagem da valorização pessoal de cada um deles (por meio do preenchimento do Inventário de Motivação através da Valorização Pessoal) têm muito mais sucesso em "acertar o alvo" com essas pessoas. Os supervisores também informaram que ficam maravilhados ao perceber a diminuição do tempo e da energia necessários para encorajar voluntários quando se sabe o que estimula esses indivíduos. O tempo e o esforço gastos para motivá-los são bem menores se comparados com grandes campanhas de reconhecimento, infrutíferas para muita gente.

Se você é administrador de uma organização sem fins lucrativos ou supervisor de voluntários, considere o seguinte: não seria bom escrever bilhetes e fazer agradecimentos verbais àqueles indivíduos para quem isso é realmente importante? Não seria agradável dar uns poucos presentes àqueles que de fato os apreciam, bem como saber o que eles mais gostariam de ganhar? Pense na quantidade de tempo e de energia que você poderia economizar se dedicasse um pequeno espaço em sua agenda àqueles que valorizam o tempo de qualidade? Isso pode ser feito individualmente ou em pequenos grupos. Você não ficaria menos ansioso se soubesse quais voluntários valorizam o trabalho em conjunto, sentindo-se motivados por isso, e quais preferem trabalhar sozinhos?

Uma das reclamações mais comuns entre os voluntários sobre tentativas de demonstrar apreço é que a abordagem se parece com uma roupa "de tamanho único". Nossas investigações mostram que o reconhecimento público é uma das formas menos desejadas de receber apreciação. Contudo, essa é a prática favorita de administradores de entidades sem fins lucrativos quando concedem o prêmio "voluntário do ano", ou quando pedem que a pessoa responsável por angariar recursos financeiros se coloque em pé para receber reconhecimento. Cremos que, quando os administradores entenderem as linguagens da valorização pessoal, eles conseguirão ser muito mais eficientes em seus esforços para expressar apreço por seus voluntários. (Por favor, leia o artigo "Como recompensar voluntários", no *Kit* de Ferramentas da Valorização Pessoal, disponível no final do livro).

Laura é diretora de uma agência de serviço social que recruta voluntários para mentorear meninas que cursam o ensino médio e que estejam grávidas ou tenham filhos. O objetivo dos mentores é ajudar essas meninas a se manterem na escola e concluírem os estudos, fornecer apoio emocional durante a gravidez e dar-lhes treinamento prático sobre a maternidade. É um relacionamento de alto risco e de impacto elevado.

Quando começamos a trabalhar com Laura, ela relatou que sua maior necessidade era responder à pergunta: "Como posso encorajar e apoiar meus voluntários de modo que eles não desanimem e acabem desistindo?". Seus mentores são a "locomotiva" dos serviços que a organização presta. Sem eles, o trem para. Quando ela soube do Inventário de Motivação através da Valorização Pessoal e do modelo de *coaching* que estávamos desenvolvendo, mal pôde esperar para começar. De fato, ela pediu que comparecêssemos à reunião que teria com seus voluntários, na qual apresentamos os conceitos de encorajamento e apreciação (muitas daquelas pessoas já estavam familiarizadas com as *cinco linguagens do amor*). Em seguida, cada voluntário preencheu o Inventário de Motivação através da Valorização Pessoal.

Duas semanas depois, discutimos os resultados e apresentamos aos voluntários um painel que indicava as linguagens da valorização pessoal principal, secundária e menos importante de cada um deles. Eles ficaram entusiasmados por saber como encorajar uns aos outros e começaram a fazer planos sobre a maneira de fazê-lo.

Após algumas semanas, conversamos com Laura para saber como iam as coisas. Ela estava muito feliz com o efeito positivo que as novas iniciativas estavam tendo sobre sua equipe. Destacou que o moral entre os mentores estava alto e que o relacionamento dela com os membros da equipe melhorara significativamente.

Cremos que a história de Laura pode ser experimentada por qualquer organização baseada em serviço voluntário que reserve tempo para ajudar seus colaboradores e líderes a descobrir qual é a principal linguagem da valorização pessoal de cada um. Uma vez que sabemos que os voluntários continuam a ser motivados quando recebem expressões de apreço e, assim, sentem-se conectados a seus colegas e à liderança, insistimos com os administradores de organizações que dependem fortemente de trabalho voluntário que utilizem as ideias do modelo de *motivação através da valorização pessoal*.

## LEVANDO PARA O LADO PESSOAL

**Para voluntários**

1. Se você é voluntário, numa escala de 0 a 10, qual é o grau de apreciação que você julga receber de seu supervisor? O que o seu supervisor poderia fazer para aumentar esse nível de apreciação?

2. Você trabalha com outros voluntários? Em caso afirmativo, faça uma lista dos nomes daqueles com quem você trabalha mais de perto e dê uma nota de 0 a 10 sobre o senso de apreciação que você percebe da parte deles. O que cada um desses colegas de voluntariado poderia fazer ou dizer para que você se sentisse mais valorizado por eles?

3. Qual foi a última vez em que você expressou apreço por seu supervisor pelo papel que ele tem no trabalho voluntário? O que você fez para manifestar apreciação? Como você acha que seu supervisor recebeu sua atitude?

4. Qual foi a última vez em que você expressou apreço a um de seus colegas de voluntariado? Como você demonstrou essa apreciação e de que maneira ele respondeu?

5. Você sabe qual é sua principal linguagem da valorização pessoal? Se a resposta for "Não", considere a ideia de preencher o Inventário de Motivação através da Valorização Pessoal.

6. Você sabe qual é a principal linguagem da valorização pessoal de seu supervisor? E as linguagens de seus colegas de voluntariado? Se a resposta for "Não", talvez você possa encorajar seus colegas a preencherem o Inventário de Motivação através da Valorização Pessoal. Você também pode optar por dar um exemplar deste livro ao seu supervisor.

**Para administradores e gerentes**

1. Se você gerencia ou supervisiona voluntários, quais têm sido seus maiores desafios?

2. O que sua organização está fazendo atualmente para expressar apreciação aos voluntários? Você tem um método para receber *feedback* de voluntários sobre o nível de satisfação no trabalho que estão realizando?

3. Uma vez que sentir apreciação genuína é um fator significativo para a satisfação no trabalho, você pode incentivar seus voluntários a preencherem o

Inventário de Motivação através da Valorização Pessoal de modo que entendam qual é a principal linguagem da valorização pessoal de cada um.

4. Você considera que está comunicando adequadamente a importância do papel que os voluntários desempenham para alcançar o objetivo geral da organização? O que você poderia fazer para estimular neles a percepção de que "fazem diferença" através daquilo que realizam?

5. Você considera que seus voluntários se sentem socialmente conectados com os colegas de trabalho, com aqueles a quem estão servindo e com a liderança da organização? O que você poderia fazer para fortalecer os vínculos sociais de seus voluntários?

## PARTE 4

# Superação dos obstáculos mais frequentes

# 13

## A linguagem da valorização pessoal de uma pessoa pode mudar?

Quando fazemos a aplicação do modelo de *motivação através da valorização pessoal* em empresas, é comum nos perguntarem: "A linguagem da valorização pessoal de uma pessoa pode mudar em determinadas situações?". Se a resposta a essa pergunta é "Sim", então surge uma segunda questão: "Como sabemos se a principal linguagem da valorização pessoal de alguém mudou?". A resposta a essas duas perguntas é o foco deste capítulo.

Queremos começar dizendo que cremos que a principal linguagem da valorização pessoal de uma pessoa tende a continuar sendo sua linguagem primária por toda a vida. É como muitos outros traços de personalidade. Um indivíduo bastante organizado sempre será organizado. Em contrapartida, existem aqueles que parecem passar metade da vida procurando seu celular. Uma pessoa que gosta de acordar cedo sempre terá como horas mais produtivas o período anterior às 11 da manhã, enquanto a pessoa que aprecia atividades noturnas sente-se mais ativa depois das 22 horas. Esses traços tendem a persistir por toda a vida. São características de personalidade.

Dito isso, é preciso esclarecer que não estamos sugerindo que as pessoas não mudam com o passar do tempo. Sabemos que uma personalidade desorganizada pode dar passos positivos para se tornar mais ordeira. Uma pessoa noturna talvez não levante para ver o sol nascer, mas, com a ajuda de um pouco de cafeína, pode acordar a tempo de ouvir o canto matutino dos pássaros.

Muito embora a principal linguagem da valorização pessoal de uma pessoa possa ser um traço característico por toda a sua existência, existem certos fatores e épocas da vida em que a linguagem da valorização pessoal secundária sobe um degrau de importância e, por algum tempo, a linguagem principal apresenta uma tendência de diminuição em termos de valor emocional. Também podem existir situações nas quais a linguagem menos significativa de uma pessoa passe a ter alguma relevância. Queremos discutir duas situações nas quais a principal linguagem da valorização pessoal pode apresentar mudança em termos de importância.

## FASES E CIRCUNSTÂNCIAS DA VIDA

Em primeiro lugar, ressaltamos que a fase e as circunstâncias de vida de uma pessoa podem mudar o cenário geral. Muitos de nós têm experimentado pessoalmente ou trabalham com colegas que acompanham a luta de um membro da família com sérios problemas de saúde. Um cônjuge ou um filho pode ter sofrido um grave acidente ou apresentar enfermidades que envolvam risco de vida e resultem numa hospitalização e num período de recuperação prolongados. Nessas ocasiões, somos "esticados ao máximo", exauridos pelas demandas sobre nosso tempo e nossas emoções. Ficamos preocupados com o desconhecido — o que acontecerá ao nosso ente querido?

Em momentos assim, o apoio emocional e o encorajamento são fundamentais, quer venham da família, dos amigos ou dos colegas de trabalho. Durante esses períodos intensos da vida, nossa linguagem da valorização pessoal pode mudar.

Michael, por exemplo, é um contador que trabalha com muito afinco em uma grande empresa de contabilidade. Na primeira vez em que preencheu o Inventário de Motivação através da Valorização Pessoal, sua principal linguagem da valorização pessoal foi identificada como *palavras de afirmação*. Michael concordou com essa avaliação. O que realmente o fazia sentir-se apreciado era o momento em que pessoas reconheciam seu trabalho e o afirmavam verbalmente.

Seis meses depois de Michael ter preenchido o inventário, sua esposa recebeu um diagnóstico de câncer. Os dois anos seguintes envolveram idas frequentes ao médico, duas cirurgias e algumas sessões de quimioterapia. Durante esse período, os colegas de trabalho desse contador se reuniram para apoiá-lo. Duas colegas se ofereceram para ficar com os filhos do casal para que Michael pudesse acompanhar a esposa às consultas médicas. Dois outros funcionários se dispuseram a cozinhar para aquela família durante o pós-operatório da esposa de Michael.

Mais tarde, o contador disse a esses quatro colegas de trabalho: "Nunca me esquecerei do que vocês fizeram por mim. Não teria conseguido passar por isso sem a ajuda de vocês". Até hoje, ele relembra essa experiência como um dos momentos em que se sentiu profundamente apreciado por seus companheiros. Durante esse período da vida de Michael, a linguagem de *atos de serviço* falou mais intensamente a ele em termos emocionais do que *palavras de afirmação*. Quando voltamos ao seu Inventário de Motivação através da Valorização

188 AS CINCO LINGUAGENS DA VALORIZAÇÃO PESSOAL NO AMBIENTE DE TRABALHO

Pessoal, verificamos que *atos de serviço* eram sua linguagem da valorização pessoal secundária. Naquele instante de crise, a linguagem secundária tornou-se a principal.

As Aplicações Práticas de uma linguagem da valorização pessoal favorita também podem mudar em função dos diferentes estágios da vida. Bryan está na casa dos 30 anos e trabalha como gerente de vendas em uma empresa de manufatura. Ele costuma viajar para encontrar novos negócios potenciais e, como parte das negociações, sai para jantar em restaurantes chiques com seus clientes. No início de sua vida adulta, tal como muitos casais jovens, Bryan e Sandi, sua esposa, viviam com um orçamento bastante apertado, e comer fora era um luxo raro. Naquela época, o casal receberia de bom grado um vale-presente para comer num restaurante agradável, como demonstração de apreciação por seu bom trabalho. Contudo, no atual estágio da carreira de Bryan, um vale para comer num restaurante teria menos valor para ele, ainda que sua principal linguagem da valorização pessoal sejam *presentes*. Ora, uma vez que ele e Sandi desenvolveram interesse pela música, eles preferem ingressos para um concerto. Esse é um exemplo de como a aplicação prática de determinada linguagem pode mudar com o passar do tempo.

Agora considere o caso de Brenda, uma funcionária de grande destaque numa empresa que atua em nível nacional. Sua principal linguagem da valorização pessoal são *palavras de afirmação*. Quando Brenda recebeu seu primeiro reconhecimento público como "vendedora do mês", ela ligou para sua mãe e contou sobre aquela conquista. Ela até mesmo leu as palavras que estavam escritas no prêmio que havia recebido. Sentiu-se genuinamente afirmada e apreciada. Quatro anos depois, o armário de Brenda está cheio de prêmios e placas que anunciam suas várias realizações. Agora, ela recebe todos eles sem se abalar e raramente faz algum comentário com sua mãe ou outra pessoa. Ela simplesmente coloca a placa no armário e segue adiante, na direção da próxima realização.

Há pouco tempo, seu supervisor foi até o escritório dela e lhe disse: "Brenda, já lhe dei mais placas e prêmios do que a qualquer outra pessoa na história desta instituição. Poderia lhe dar outra placa se você quiser. Mas quis passar por aqui pessoalmente e dizer-lhe quanto aprecio sua contribuição para a empresa. Você não apenas é uma grande vendedora, como também motiva os demais. Em muitos aspectos, você é a pessoa mais significativa de nossa força de vendas. Quero que você saiba que valorizo sinceramente sua contribuição. Na semana que vem, se você não se importar, vou lhe dar outra placa. Mas queria apenas que você soubesse que, para mim, não se trata apenas da mera entrega de um prêmio, mas que aprecio sinceramente o que você está fazendo".

Brenda agradeceu ao supervisor pelos comentários. Quando saiu do escritório, lágrimas vieram aos seus olhos e ela disse a si mesma: "Creio que ele realmente aprecia meus esforços".

Embora *palavras de afirmação* sejam a principal linguagem da valorização pessoal dessa moça, o que lhe falou mais profundamente foi o fato de o supervisor separar um tempo para ir à sala dela e expressar verbalmente seu apreço. Aquilo foi mais eficiente do que o reconhecimento público na frente de seus colegas. Seu supervisor falou tanto a linguagem do *tempo de qualidade* quanto a de *palavras de afirmação*.

Isso posto, como sabemos quando a principal linguagem da valorização pessoal de uma pessoa mudou ou quando há aplicações práticas mais importantes que as usualmente significativas? Às vezes você pode observar isso simplesmente analisando a situação atual desse indivíduo. Os colegas de Michael estavam conscientes da doença de sua esposa; os mais próximos dele sabiam o que o ajudaria e reagiram de maneira instintiva. Eles não estavam pensando "Qual é a linguagem da valorização pessoal do Michael?". Estavam cogitando: "O que podemos fazer de útil nesta situação?". Ao reagir assim, eles comunicaram apreciação por Michael da maneira mais profunda possível. Às vezes, se estivermos simplesmente em sintonia com as circunstâncias da vida de um colega, seremos capazes de saber intuitivamente que tipo de ajuda teria o maior significado.

Em contrapartida, o supervisor ou os colegas de Bryan talvez não soubessem que um vale para comer num restaurante agradável não era mais algo tão significativo como fora num momento anterior de sua vida. O fato de Bryan preferir ingressos para um concerto, em vez de um vale para um restaurante, deveria ter sido comunicado ao seu supervisor e a seus colegas. É por isso que incentivamos aqueles que preenchem o Inventário de Motivação através da Valorização Pessoal a fazer uma lista de Aplicações Práticas e a revê-la semestralmente, fornecendo assim novas informações sobre o que os fariam sentir-se apreciados. Se isso puder ser avaliado regularmente pelo supervisor, tudo ficará muito mais fácil para o funcionário.

O chefe de Brenda talvez não tenha percebido que a visita que fez a ela e o tempo adicional que lhe dedicou tenham sido tão significativos em termos de demonstração de apreço. Contudo, se a moça contar a ele como sua visita e suas palavras foram importantes, o supervisor saberá que *tempo de qualidade*, juntamente com *palavras de afirmação*, são mais relevantes do que o simples reconhecimento em público.

## A DINÂMICA INTERPESSOAL

Permita-nos pensar como psicólogos por apenas um momento. Nos primórdios da psicologia (do início da década de 1900 até a de 1970), o foco dos psicoterapeutas estava basicamente sobre o indivíduo — as características de sua personalidade, os padrões de comportamento, os hábitos e a maneira como pensava. Contudo, os psicólogos acabaram se conscientizando de que o comportamento de um indivíduo ocorre dentro de um contexto — dentro de um sistema (de relacionamentos), não isoladamente. Isso levou ao desenvolvimento daquilo que é chamado de teoria de sistemas. A ideia básica é que os comportamentos e pensamentos de alguém são mais bem entendidos quando se compreende o sistema no qual vive essa pessoa. Tal descoberta levou ao desenvolvimento da terapia conjugal e de família, além da psicologia social. Procurou-se fornecer uma compreensão mais ampla de como o contexto social de um indivíduo (as pessoas com quem ele interage) muda seu comportamento. Um exemplo óbvio é o modo como um adolescente cumprimenta seus amigos comparado à forma como cumprimenta sua avó.

Para nós, o ponto-chave dessa discussão é que a principal linguagem da valorização pessoal de um indivíduo pode mudar dependendo da pessoa com quem ele está se relacionando. Exemplo: o que uma pessoa deseja de um colega pode ser diferente do que ela deseja de um supervisor. A personalidade do supervisor também pode afetar aquilo que o funcionário gostaria de receber como expressão de apreço. Quando exploramos essa questão, fica evidente que nossas linguagens da valorização pessoal, embora se baseiem principalmente em "quem nós somos", também são influenciadas pelas características daqueles com quem interagimos. Para se ter uma simples amostra disso, basta pensar na maneira como você interage com seu atual gerente e compará-la com sua forma de interação com seus chefes anteriores. Você é essencialmente a mesma pessoa (embora provavelmente tenha mudado um pouco), mas comunica-se e reage de maneira diferente, dependendo das características pessoais de seu superior imediato.

Essa dinâmica interpessoal também causa um impacto sobre nossa linguagem da valorização pessoal. Considere o próximo exemplo. Tonya geralmente valoriza elogios e outras expressões verbais de apreciação; essa é a sua principal linguagem da valorização pessoal. Contudo, o atual supervisor de Tonya é um profissional de *marketing* cheio de energia e extremamente verbal. Glenn é um indivíduo dinâmico que derrama comentários verbais positivos sobre praticamente todas as pessoas com quem se encontra. "Que dia excelente! Como vai, Joseph? Gostei do trabalho que você fez ontem. Foi muito bom!". E, então, vai para o próximo membro da equipe.

As pessoas adoram Glenn porque ele é muito positivo e incentivador. Contudo, o fato de esse supervisor oferecer tanto elogio verbal pode diminuir um pouco o valor percebido por aqueles que estão perto dele. Assim, quando Glenn elogia Tonya, ela fica agradecida, mas também tende a dar certo desconto à mensagem.

O que realmente causa impacto em Tonya é o momento em que Glenn passa pela mesa dela e pergunta não apenas como vão as coisas, mas também quais sugestões ela dá para que o desempenho do departamento seja melhor. Quando ele para por tempo suficiente para ter uma conversa com ela, Tonya percebe que ele aprecia sinceramente seus esforços e ideias. Ela sabe que Glenn é uma pessoa de ritmo acelerado e que está sempre indo de um lado para o outro. Ele raramente se senta para ter conversas mais longas e é frequentemente interrompido por ligações, mensagens de texto ou pessoas que estão à sua procura. Um de seus méritos é responder rapidamente àqueles que fazem contato com ele; mas também pode ficar bastante distraído. No meio de uma conversa, ele pode lembrar-se de alguém com quem precisa falar e o faz imediatamente. "Segure essa ideia por um instante", ele costuma dizer. "Preciso ligar para o Kevin para falar bem rápido sobre uma coisa. Vai levar apenas um segundo". Assim, quando ele separa um tempo para não apenas expressar verbalmente seu apreço por Tonya, mas também para ouvir as ideias dela, a moça percebe sua sinceridade.

O interessante é que *tempo de qualidade* é a linguagem da valorização pessoal secundária de Tonya; mas, no relacionamento com Glenn, fica claro que essa linguagem se torna a principal. Portanto, ainda que os resultados do Inventário de Motivação através da Valorização Pessoal comuniquem ao supervisor que sua funcionária valoriza a afirmação verbal, na verdade a maneira principal pela qual ela recebe encorajamento é mediante uma conversa de qualidade na qual ele lhe dê atenção total.

Quem vai perceber essa mudança de linguagens? Tonya. Com o passar do tempo, se prestar atenção em suas próprias reações internas, ela se conscientizará de que aquilo que realmente deseja de seu supervisor é *tempo de qualidade*. Desse modo, será importante para ela deixar isso claro tanto para si mesma quanto para Glenn. Ela pode dizer a ele algo como:

194   As cinco linguagens da valorização pessoal no ambiente de trabalho

"Glenn, você tem um minuto? Preciso lhe contar uma coisa. Você sabe que todos nós preenchemos aquele inventário de valorização pessoal para que você pudesse descobrir a melhor forma de nos encorajar, usando maneiras que sejam significativas para cada um de nós. Você provavelmente se lembra de que minha linguagem principal é a afirmação verbal. Gosto muito de elogiar e também de ouvir se estou me saindo bem; e você é muito bom nisso. Mas o que percebi é que, sendo você tão gentil e encorajador com todo mundo, e sempre muito ocupado, o que realmente valorizo são aqueles momentos quando você passa na minha sala, pergunta como estou e pede sugestões sobre como podemos melhorar a eficiência da empresa. Não me entenda mal. Eu ainda quero ouvir sobre o que você gosta em relação àquilo que estou fazendo. Mas ainda mais significativa para mim é a sensação de que você se importa genuinamente com minhas ideias sobre o que podemos fazer para elevar o desempenho da organização, entende?"

Glenn agora tem a informação de que precisa para comunicar apreço por Tonya de maneira eficiente. Por conta da dinâmica pessoal, a linguagem principal de Tonya quando ela está com o chefe mudou de *palavras de afirmação* para *tempo de qualidade*. Contudo, no relacionamento da moça com seus colegas, sua principal linguagem da valorização pessoal continua sendo *palavras de afirmação*.

Existe outro fato que é ilustrado pela experiência de Tonya. Quando uma pessoa recebe um suprimento adequado de sua principal linguagem da valorização pessoal, sua linguagem secundária pode então se tornar mais importante. A linguagem primária de Tonya são *palavras de afirmação*. Ela é assim. Mas, na medida em que Glenn proferiu palavras de afirmação em abundância, essa linguagem se tornou menos

A LINGUAGEM DA VALORIZAÇÃO PESSOAL DE UMA PESSOA PODE MUDAR? 195

importante, e *tempo de qualidade* passou a ser mais significativa. Nosso palpite é que, se o supervisor parasse de fornecer a ela a afirmação verbal de modo regular, a principal linguagem da valorização pessoal da moça rapidamente voltaria a ser *palavras de afirmação*.

> Quando uma pessoa recebe um suprimento adequado de sua principal linguagem da valorização pessoal, **sua linguagem secundária pode então se tornar mais importante.**

Agora, considere a situação de Tim. Ele trabalha duro, estabelecendo altas expectativas em relação a si mesmo. Contudo, por conta da natureza de seu trabalho e pelo fato de a empresa ter passado por uma redução de quadro de pessoal, ele às vezes fica surpreso com a quantidade de palavras que se espera dele. O Inventário de Motivação através da Valorização Pessoal indicou que sua principal linguagem da valorização pessoal são *atos de serviço*. Quando os colegas aparecem e o ajudam com um projeto, ele se sente genuinamente apreciado. Contudo, Tim tem um colega cuja ajuda ele não aprecia, alguém que fala demais, enquanto Tim é uma pessoa bastante calada. Quando o está ajudando, esse colega fala, brinca e conta histórias o tempo todo. Tim considera isso uma enorme distração e chateação. Ele não consegue prestar atenção em seu próprio trabalho enquanto o parceiro tenta ajudá-lo. Portanto, por causa da dinâmica pessoal de seu relacionamento, a linguagem principal de Tim com esse colega não são *atos de serviço*. Se esse colega se oferece para ajudar, Tim agora diz: "Não, obrigado. Já consegui dar conta. Obrigado por perguntar".

Esperamos que essas ilustrações ajudem a esclarecer o impacto das dinâmicas pessoais sobre as linguagens da

Valorização Pessoal. A pergunta que permanece é: "Como aquele colega falador poderia saber que *atos de serviço* não são a principal linguagem da valorização pessoal que Tim gostaria de receber dele?". Afinal de contas, o colega pode ter visto o resultado do Inventário de Motivação através da Valorização Pessoal de Tim e estar sendo sincero em seus esforços de expressar apreciação por meio da oferta de ajuda. Nossa sugestão é esta: antes de falar qual você acha que é a linguagem principal de uma pessoa, faça-lhe a seguinte pergunta: "Isso seria útil para você?". Se a resposta for "Não, obrigado; já consegui resolver", e você recebe essa resposta pelo menos duas vezes, então poderá presumir que *atos de serviço* não são a principal linguagem a se usar com esse indivíduo quando ele espera ser apreciado por você.

Essa investigação direta pode ser usada com todas as linguagens da valorização pessoal. Se a sua percepção é de que a principal linguagem da valorização pessoal de uma pessoa são *palavras de afirmação*, então você pode perguntar: "Se eu quisesse expressar minha apreciação por você, *palavras de afirmação* seriam a melhor maneira de fazê-lo?". Se a resposta for "Sim", então faça seu discurso de afirmação. Se seu interlocutor sugerir alguma outra coisa, então lembre-se: a pessoa é especialista nela mesma. Deixe que a resposta que ela der guie você na direção de saber como expressar-lhe valorização pessoal. Se perceber que *presentes* são a principal linguagem da valorização pessoal de alguém, você pode dizer: "Quando estive em Dallas, comprei uma coisa para lhe dar porque

> Lembre-se: **a pessoa é especialista** nela mesma. Deixe que a resposta que ela der guie você na direção de saber **como expressar-lhe valorização pessoal.**

queria que você soubesse quanto aprecio o que tem feito pela empresa. Mas se *presentes* não forem sua linguagem da valorização pessoal, ficaria feliz em dar a lembrança a outra pessoa. Você gostaria de recebê-la?". Uma vez que a pergunta foi feita, ainda que a principal linguagem da valorização pessoal desse indivíduo não sejam *presentes,* ele provavelmente aceitará a lembrança como uma expressão genuína de sua apreciação. O próprio processo de perguntar "Isso seria significativo?" tende a comunicar sinceridade.

O ponto que queremos enfatizar neste capítulo é que você não deve se surpreender se descobrir que sua linguagem da valorização pessoal primária mudou em determinadas circunstâncias e com certas pessoas. Também não deve se surpreender por descobrir que o mesmo pode ser verdade em relação aos seus colegas. Isso não sugere que o conceito de linguagens da valorização pessoal principal, secundária e menos significativa seja inválido. Pelo contrário, indica que aceitamos a fluidez da vida e que somos seres humanos, não máquinas imutáveis.

Queremos incentivá-lo a ter consciência de suas próprias reações internas e também das reações que dirige aos seus colegas. A vida não é estática; as pessoas e as circunstâncias mudam com o tempo. Cremos que os melhores gerentes são aqueles que conhecem bem seus funcionários, que continuam a conhecê-los e que fazem mudanças apropriadas quando necessário. A realidade dos fatores que discutimos neste capítulo mais uma vez aponta para a importância de ter sessões regulares de avaliação com os funcionários. Nessas avaliações proativas, você pode facilmente descobrir quaisquer mudanças em suas linguagens da valorização pessoal principal e secundária ou as aplicações práticas que eles preferem.

## DE QUE MANEIRA AS LINGUAGENS DO AMOR SE RELACIONAM COM AS LINGUAGENS DA VALORIZAÇÃO PESSOAL?

Aqueles indivíduos que estão familiarizados com as *cinco linguagens do amor* e passaram pelo processo de identificar sua linguagem do amor preferida nos relacionamentos pessoais costumam ficar intrigados com a relação entre os dois conjuntos de linguagens. É comum nos perguntarem: "Qual é a relação entre as linguagens do amor e as linguagens da valorização pessoal? Elas são idênticas? Estão relacionadas de alguma maneira? Ou são totalmente distintas?".

Primeiramente, para quem não está diretamente familiarizado com *as cinco linguagens do amor*, vamos apresentar uma noção geral sobre o assunto.

Ao trabalhar com casais, eu (Gary) descobri que marido e mulher costumam ter maneiras diferentes de comunicar amor um ao outro. Depois de reunir dados por vários anos, observei que essas expressões de afeto se encaixavam em cinco grandes categorias, ou linguagens. Os resultados de minha pesquisa e suas implicações práticas para os relacionamentos conjugais são explicados no livro *As cinco linguagens do amor*. Mais tarde, verificamos que essas linguagens pessoais de amor e afeição se aplicavam a outros relacionamentos também, de modo que investigamos a questão mais a fundo e escrevemos *As cinco linguagens do amor das crianças* (em coautoria com o médico Ross Campbell), *As cinco linguagens do amor dos adolescentes* e, para adultos solteiros, *As cinco linguagens do amor dos solteiros*. Nos últimos dezenove anos, a resposta tem sido impressionante: somando-se todos os livros ligados às linguagens do amor, chega-se a um total de mais de 6 milhões de exemplares vendidos em todo o mundo, em mais de quarenta idiomas. Os conceitos fundamentais foram então aplicados à restauração de relacionamentos em *As cinco linguagens do perdão*, em coautoria com Jennifer Thomas.

A pergunta, então, é: "De que maneira as linguagens do amor preferidas por uma pessoa em amizades pessoais e nos relacionamentos familiares se comparam às suas linguagens da valorização pessoal preferidas no ambiente de trabalho?".

Temos três diferentes fontes de informação para ajudar a responder a essa pergunta: 1) uma perspectiva teórica sobre a natureza do comportamento humano; 2) nossa experiência profissional no trabalho com as cinco linguagens no decorrer de vários anos; 3) informações que reunimos de nossos clientes e *trainees*, e alguns dados iniciais de pesquisa.

> De que maneira as linguagens do amor preferidas por uma pessoa **em amizades pessoais e nos relacionamentos familiares** se comparam às suas linguagens da **valorização pessoal preferidas no ambiente de trabalho?**

A investigação sobre o comportamento humano descobriu dois temas bastante comuns e consistentes: 1) as pessoas geralmente se comportam da mesma maneira com o passar do tempo, a não ser que haja um evento expressivo o suficiente para transformar a vida delas; 2) ações individuais específicas de fato variam de acordo com o cenário e, especialmente, em resposta àqueles com quem a pessoa esteja interagindo. Todo o conceito de "personalidade" é construído sobre a crença de que os indivíduos possuem padrões comuns de comportamento e de relacionamento uns com os outros — padrões esses que são previsíveis e se tornam traços de caráter da pessoa. Mas também sabemos que as ações de cada um de nós podem variar significativamente dependendo daqueles com quem estejamos nos relacionando — cônjuge, filho, chefe, amigo ou mãe, por exemplo.

Podemos dizer então que, de maneira geral, a forma como as pessoas experimentam e preferem atos de encorajamento, apreciação ou afeição não muda muito com o passar do tempo e das diversas circunstâncias. Mas também podemos prever que, para muitos, existem boas chances de haver mudança no modo como se relacionam com outras pessoas, e, como preferem que estas lhes comuniquem apreciação, essa mudança dependerá de quem seja o outro e do tipo de relacionamento que mantêm.

A segunda fonte de compreensão do relacionamento entre linguagens pessoais do amor e as linguagens da valorização pessoal no ambiente de trabalho vem dos anos de experiência que temos trabalhando com esses conceitos. Está claro que um de nós (Gary) tem mais experiência no contexto das linguagens do amor dentro dos relacionamentos pessoais, enquanto o outro (Paul) tem mais foco sobre os relacionamentos de trabalho e as linguagens de valorização pessoal. Nós dois, de maneira independente, chegamos à mesma conclusão: com o passar do tempo, descobriríamos que existe uma correlação moderada e uma sobreposição entre as linguagens preferidas de um indivíduo, seja qual for o cenário e o tipo de relacionamento. Mas também esperávamos que essa superposição não fosse exata, e que haveria variação entre as linguagens preferidas e as menos significativas. Foi isso o que, de fato, observamos.

Pessoas que passaram por sessões de treinamento conosco relataram repetidamente que acreditam haver uma intersecção entre suas linguagens da valorização pessoal no ambiente de trabalho e suas linguagens pessoais de amor, mas que essa área comum não caracteriza sobreposição exata. Betsy, por exemplo, uma das principais professoras de uma escola de ensino fundamental, declarou: "Receber elogios verbais é importante para mim, seja qual for o ambiente. Portanto, essa é uma das minhas principais linguagens em ambos os contextos. Mas tempo de qualidade com meu marido é muito mais importante, e aparece na posição mais elevada em minha escala de linguagens do amor".

Do mesmo modo, Chris, *controller* de uma empresa, disse: "Creio que sou basicamente a mesma pessoa, quer esteja no trabalho quer em casa, mas está bem claro que há expressões de afeto que valorizo em minha esposa e pelas quais não procuro em meus colegas de trabalho. Assim, era de esperar que minhas linguagens preferidas fossem diferentes nesses dois tipos de relacionamento". Por outro lado, muitas pessoas dizem que suas principais linguagens do amor e de valorização pessoal são as mesmas, mas que as linguagens secundárias mudam em função do cenário.

Num estudo com professores adjuntos de uma universidade, descobrimos que apenas 38% dos participantes apresentaram a mesma linguagem principal no Inventário de Motivação através da Valorização Pessoal e no perfil das cinco linguagens do amor. *Portanto, para a maior parte desse grupo de professores, suas linguagens principais não eram as mesmas.* Contudo, ao olhar os resultados mais de perto, descobrimos o seguinte: 69% do corpo docente tinha como linguagem de amor principal a mesma linguagem da valorização pessoal, principal ou secundária. E os resultados foram essencialmente os mesmos quando seguimos para a direção oposta. Se o elogio verbal era a principal linguagem da valorização pessoal, então, em 67% das vezes, *palavras de afirmação* eram a primeira ou a segunda linguagem de amor. Aquilo em que acreditávamos foi confirmado não só por esses resultados, como pelas percepções pessoais que os funcionários nos relatavam.

Podemos concluir dizendo que é razoável esperar que a linguagem da valorização pessoal preferida de uma pessoa varie significativamente com o passar do tempo em resposta a diferentes eventos e fases da vida e indivíduos com os quais ela esteja interagindo. De maneira similar, a maioria das pessoas apresentará alguma similaridade em suas linguagens preferidas nos relacionamentos pessoais e nos profissionais, mas frequentemente haverá diferenças em função do ambiente relacional.

## LEVANDO PARA O LADO PESSOAL

1. Você consegue se lembrar de situações em sua vida nas quais sua principal linguagem da valorização pessoal aparentemente mudou? Quais foram as circunstâncias que estimularam essa mudança?

2. Se você experimentou um evento pessoal doloroso em sua vida, como seus colegas o apoiaram durante esse período? Você considera que o apoio dado por eles foi significativo?

3. Você já percebeu alguma mudança em sua principal linguagem da valorização pessoal ou nas aplicações práticas que gostaria que outros lhe dirigissem? Em caso afirmativo, você já comunicou isso àqueles com quem trabalha?

4. É possível identificar, entre você e algum colega, qualquer dinâmica pessoal que o impeça de ser receptivo às expressões de apreciação dessa pessoa?

5. Ao comparar seu chefe atual com um supervisor de outra época, você consegue ver diferença entre a linguagem da valorização pessoal que espera do atual e a que desejava receber do anterior? Por que você acha que isso é verdadeiro?

# 14

# Motivação através da valorização pessoal: superando desafios

A pergunta não é "Você aprecia seus colegas de trabalho ou aqueles que trabalham sob sua orientação?", mas, sim: "Eles se *sentem* apreciados?". Nossa experiência tem nos levado à conclusão de que há milhares de pessoas que trabalham naquilo que consideram ser um "ambiente ingrato". Em muitos casos, seus gerentes e colegas não estão cientes desses sentimentos: apenas observam que o funcionário faz seu trabalho de maneira satisfatória, e isso é tudo o que esperam. Contudo, o funcionário trabalha com pouco entusiasmo, e provavelmente muito abaixo de seu potencial.

Se comunicar apreciação e encorajamento àqueles com quem trabalhamos fosse fácil, então todos os funcionários da empresa seriam as pessoas mais felizes do mundo. Não haveria necessidade de publicar este livro nem de existir uma abordagem estruturada para se motivar através da valorização pessoal. A verdade é que há desafios que atrapalham a efetiva expressão de gratidão aos seus colegas. Alguns deles são questões internas — atitudes, pensamentos e crenças. Outros desafios são externos e estão relacionados a estruturas e procedimentos corporativos.

204   AS CINCO LINGUAGENS DA VALORIZAÇÃO PESSOAL NO AMBIENTE DE TRABALHO

Esses desafios precisam ser enfrentados de maneira realista e, sim, eles podem ser superados. Veremos a seguir alguns dos desafios mais comuns e nossas sugestões sobre como resolvê-los à medida que você procura criar um ambiente de trabalho positivo.

### DESAFIO NÚMERO 1: EXCESSO DE ATIVIDADE

No trabalho que realizamos com organizações, a mais frequente razão pela qual a apreciação não se apresenta como parte regular da comunicação é o *excesso de atividade dos membros da equipe*. Isso é fato entre gerentes, subordinados e aqueles que trabalham com voluntariado. Quase todo mundo se sente pressionado por suas responsabilidades diárias. Quem é que está andando por aí tentando descobrir o que fazer com o tempo que sobra? Isso é raridade. Por quê? Pelo menos parte da resposta parece residir em um dos seguintes fatos: 1) ausência de espaço na agenda para a ocorrência de interrupções ou surgimento de problemas e desafios imprevistos; 2) expectativas altas e normalmente irreais por parte de gerentes, clientes e dos próprios trabalhadores; 3) pressões financeiras da economia global.

Seja qual for a fonte de excesso de ocupação, essa questão é um grande obstáculo a ser superado caso os gerentes e colegas queiram implantar de maneira bem-sucedida os princípios de *motivação através da valorização pessoal*. Os funcionários devem dispor de espaço livre em sua mente a fim de poderem observar os outros, para que apreciem o que eles estão fazendo. Também é necessário que possuam a energia emocional necessária para considerar e planejar a melhor maneira de expressar apreciação por um colega em particular. Sem disponibilidade de espaço mental, físico e emocional, nada mudará.

## Superação do excesso de atividade

A principal maneira de superar o excesso de atividade é estabelecendo prioridades. Algumas coisas *são* mais importantes que outras. Se as coisas mais importantes não assumirem o primeiro lugar, então nosso tempo e energia investidos em outras questões deixarão de produzir os resultados desejados.

Recomendamos os excelentes livros de Stephen Covey: *Primeiro o mais importante* e *Os 7 hábitos das pessoas altamente eficazes*. Esses livros fornecem um método útil para ajudar os líderes e os membros de equipe a identificarem as prioridades e integrá-las a sua rotina diária e semanal. Se nossas prioridades não se refletirem em nossa agenda, então elas deixam de ser prioridades. O quadrante de prioridades de Covey — importante/não importante, urgente/não urgente — é bastante útil para nossa vida pessoal e profissional.

Cremos que, para supervisores, empresários e gerentes, dedicar tempo e energia para mostrar apreciação aos colegas e subordinados é uma tarefa importante que renderá grandes dividendos para a organização e ampliará os bens ou serviços que ela oferece. Contudo, muitos gerentes não costumam considerar urgente o ato de expressar apreciação. Se você não planejar a prática intencionalmente desse ato, os assuntos não importantes mas aparentemente urgentes podem sufocar a disciplina diária de comunicar apreciação à sua equipe.

### DESAFIO NÚMERO 2: A CRENÇA DE QUE COMUNICAR APRECIAÇÃO NÃO É IMPORTANTE PARA A EMPRESA

Alguns líderes organizacionais ouvem falar das linguagens da valorização pessoal e do conceito de motivação através da valorização pessoal e dizem imediatamente: "Posso entender como isso seria bom em algumas instituições, mas não vai funcionar na minha empresa. Os trabalhadores da construção civil não são muito afeitos a agradecer e não se importam com o que os outros estão sentindo". Ouvimos comentários similares de uma enorme quantidade de líderes de instituições financeiras, organizações varejistas, empresas listadas entre as 500+ da *Fortune*, cadeias de restaurantes, oficinas mecânicas e vários outros ambientes de trabalho. O interessante é que os resultados do estudo pintam um quadro diferente. Quase todas as pesquisas indicam o impacto positivo de recompensas não financeiras sobre a vida dos funcionários em praticamente todos os ramos de atividade.

O que descobrimos é que o tipo de negócio ou organização não é um fator importante. A verdadeira questão é a mentalidade do dono, diretor ou supervisor. Se os líderes não acham que a apreciação é importante, eles provavelmente não verão a necessidade de expressar apreço à sua equipe. Se essa mentalidade não mudar, então os funcionários serão forçados a viver numa comunidade em que não há agradecimento, sempre desejando que as coisas fossem melhores.

## Superação da crença de que comunicar valorização pessoal não é importante para a empresa

Descobrimos que, na realidade, o modelo de *motivação através da valorização pessoal* pode ser usado de maneira bem--sucedida em praticamente qualquer cenário organizacional, por mais rígida ou preocupada com finanças que seja a cultura da empresa. O mais importante é que o líder entenda o poder de contar com indivíduos que se sentem valorizados não só por seu trabalho, mas também pelas contribuições que fazem para o sucesso da organização.

Para cada líder que reagiu de modo negativo temos outros líderes no mesmo ramo de atividade que reconheceram quase imediatamente a importância de seus empregados se sentirem valorizados. Quando ouvem falar do Inventário de Motivação através da Valorização Pessoal e do conceito de expressões de apreço individualizadas, eles se mostram ansiosos para começar. Já vimos líderes envolvidos em atividades típicas de "homens durões" (manufatura e construção civil, por exemplo) que optaram por incluir a ideia de apreciação na cultura da empresa. Os resultados têm sido grande lealdade dos funcionários, baixos índices de rotatividade e maiores níveis de satisfação no trabalho. Essas características ajudam a tornar a empresa financeiramente lucrativa.

Um executivo mudou de ideia. Na primeira vez em que ouviu falar sobre o conceito que propomos, ele disse: "Não me importo nem um pouco sobre como meus funcionários se sentem em relação ao trabalho. São indivíduos focados que se motivam pelo sucesso financeiro, e, por isso, criamos um sistema para recompensá-los dessa forma". Mais tarde, depois do furacão financeiro global, ele voltou a nos procurar, dizendo: "Se existe uma maneira de encorajar e motivar nossos empregados sem ter de pagar-lhes mais, estou dentro. Como podemos começar?".

Num mundo onde normalmente se espera que os funcionários façam mais por menos salário, aprender a expressar apreciação de maneira significativa faz a diferença entre o fracasso e o sucesso da empresa.

### DESAFIO NÚMERO 3: SENTIMENTO DE SOBRECARGA DIANTE DAS RESPONSABILIDADES

Quando trabalhamos com os voluntários de uma organização sem fins lucrativos, houve uma voluntária que de repente nos falou, bastante angustiada: "Estou totalmente de acordo com essa coisa de apreciação e acho que é uma grande ideia. Mas sinto-me sobrecarregada só em pensar como será acompanhar as linguagens da valorização pessoal dos meus colegas e as aplicações práticas mais adequadas a cada um. Já preciso me dedicar muito para cumprir minhas responsabilidades atuais". Sua abertura e franqueza foram importantes para nós, e expressamos compreensão.

Sentir-se sobrecarregado é mais do que estar ocupado; também inclui um senso de pesada responsabilidade. Algumas pessoas, seja em circunstâncias temporárias, durante períodos mais longos, podem facilmente sentir-se sobrecarregadas. Elas consideram que expressar apreciação a um colega de trabalho é simplesmente uma responsabilidade a mais colocada sobre sua mesa. Caso se percebam pressionadas a ter de preencher o Inventário de Motivação através da Valorização

> Sentir-se sobrecarregado é **mais do que estar ocupado**; também inclui um **senso de pesada responsabilidade**.

Pessoal e de pensar seriamente em aprender a expressar apreciação de maneira significativa, elas podem se tornar muito negativas descontentes. É por isso que sempre incentivamos as empresas a deixar que a participação no modelo de *motivação através da valorização pessoal* seja voluntária.

## Superação do problema de sobrecarga dos funcionários

Isto vai soar muito "psicologismo", mas a primeira e melhor resposta que você pode dar a um membro da equipe que se sinta sobrecarregado é reconhecer e validar o ponto de vista dessa pessoa. Faça sua melhor imitação de um terapeuta e diga: "Rapaz, parece que você está realmente sobrecarregado". Depois, ouça com atenção à medida que a pessoa colocar seus sentimentos para fora.

Em contrapartida, dizer-lhe "Ah, que é isso? Não é assim tão difícil. Estamos apenas pedindo que você faça o que já está fazendo" geralmente não traz melhoria. Ignorar os sentimentos de exasperação e tocar o plano adiante normalmente leva ao ressentimento ou à resistência. Em algumas situações, depois de expor o que estão sentindo e de se sentirem ouvidos por seu gerente, alguns funcionários dizem "Realmente, não é assim tão difícil; posso fazer isso. Acho que precisava simplesmente desabafar. Sim, eu quero que meus colegas se sintam apreciados". Em outras situações, a pessoa está reagindo àquilo que acha que ouviu, não exatamente àquilo que você tentava dizer. Então, peça esclarecimentos, dizendo: "Deixe-me ter certeza de que compreendeu o que estou pedindo e o que não estou pedindo de você". Esse processo de esclarecimento pode reduzir a resistência.

> Um funcionário que hoje opta por **não participar** do preenchimento e da análise do **Inventário de Motivação através da Valorização Pessoal** pode muito bem escolher se **envolver dois meses depois**.

Contudo, outros membros da equipe podem precisar que você lhes dê a opção de não seguir esse plano naquele momento. Como destacado anteriormente, ao trabalhar com empresas, propomos que a participação no processo seja voluntária, não uma ordem de cima para baixo. Isso fortalece o impacto das ações que alguns indivíduos optam por realizar para encorajar outros. Seus esforços para validar os colegas de trabalho não são vistos como algo que eles "deveriam fazer".

210  AS CINCO LINGUAGENS DA VALORIZAÇÃO PESSOAL NO AMBIENTE DE TRABALHO

Um funcionário que hoje opta por não participar do preenchimento e da análise do Inventário de Motivação através da Valorização Pessoal pode muito bem escolher se envolver dois meses depois. Não queremos forçar as pessoas a fazerem algo que não desejam. Estamos tentando ajudar aquelas que sinceramente gostariam de expressar apreciação e encorajamento aos colegas de uma maneira mais eficiente.

## DESAFIO NÚMERO 4: QUESTÕES ESTRUTURAIS E PROCESSUAIS QUE INIBEM OS PADRÕES EFETIVOS DE COMUNICAÇÃO

Quando trabalhamos com a equipe de determinado escritório, fizemos o acompanhamento através de *e-mails* enviados aos funcionários. Uma dessas pessoas respondeu a um *e-mail*, dizendo: "Estou tentando encorajar Jenna, mas simplesmente não a vi esta semana. Trabalhamos em turnos diferentes, com pouca sobreposição de horários, e, quando estamos juntas, geralmente estamos trabalhando em áreas diferentes. Sendo assim, não tenho muita oportunidade para interagir com ela".

Às vezes existem questões de logística que interferem no processo de demonstrar apreciação pelos outros. Agendas variáveis, poucas oportunidades de interação, atuação em projetos distintos e férias em períodos diferentes costumam dificultar a mostra de apreciação a certos funcionários.

Também pode haver desafios estruturais a serem vencidos. Aqueles que trabalham em corporações maiores destacam que alguns gerentes são responsáveis por dez ou mais subordinados diretos. Obviamente, quanto maior o número de pessoas por quem você é responsável, maior esforço será necessário para estar atualizado com as linguagens da valorização pessoal individuais — e para encontrar tempo para fazê-lo.

Às vezes um empreendimento é estruturado de tal modo que um membro da equipe tem, de fato, dois ou mais supervisores. Isso acontece com mais frequência quando suas responsabilidades cruzam as fronteiras departamentais. Embora não haja problema em haver mais de um supervisor encorajando esse funcionário, a situação pode criar um vácuo quando ninguém assume a responsabilidade de incentivá-lo.

## Superação das questões estruturais e processuais

As questões estruturais podem ser um dos mais difíceis desafios a superar porque elas costumam estar entranhadas na cultura da organização. Não são apenas questões individuais, mas de natureza mais sistêmica. A resposta pode exigir que supervisores e gerentes de escalões mais altos trabalhem juntos para encontrar uma solução. A verdadeira pergunta que precisa ser respondida é: "Qual a melhor maneira de garantir que Chantel seja regularmente encorajada e valorizada? Quem é a pessoa mais indicada a prover esse tipo de comunicação e *feedback* a ela?".

> **A verdadeira pergunta** que precisa ser respondida é: "Qual a melhor maneira de garantir que Chantel seja **regularmente encorajada e valorizada?**".

A resposta a essa pergunta sai da discussão sobre "quem se reporta a quem". Encontrar o membro da equipe que tem a oportunidade de observar Chantel e dar-lhe incentivo, e de quem ela valorizaria receber esse tipo de comunicação, é a questão mais importante.

Em situações nas quais trabalhamos com gerentes que supervisionam grandes grupos, o caminho do sucesso foi ajudar os gestores a identificar uma ou duas pessoas com as quais iniciariam o processo. Mais tarde, esses gerentes poderiam se dirigir a outros membros da equipe. Os funcionários poderiam ser selecionados ou por serem líderes em seu grupo — e perdê-los para o desânimo seria devastador para a organização — ou por estarem claramente desanimados ou desconectados de seu supervisor — e por isso precisarem de atenção imediata. Escolher uma ou duas pessoas para começar a encorajar é claramente uma opção melhor do que se perceber sobrecarregado e não fazer coisa alguma.

## DESAFIO NÚMERO 5: DESCONFORTO PESSOAL COM O ATO DE COMUNICAR APRECIAÇÃO

Vemos isso acontecer de duas formas. A primeira é a antiga posição de alguns proprietários de empresa e gerentes: "Por que deveria agradecer-lhes por fazerem seu trabalho? Eles são pagos para isso!". Descobrimos que essa atitude às vezes vem de líderes seniores e de outros indivíduos que se veem como líderes que se fizeram sozinhos. Foram criados em meio a circunstâncias difíceis, normalmente com pouco apoio da família, e se tornaram bem-sucedidos em sua área, principalmente em razão de seu esforço, perseverança e sacrifícios pessoais. Esses líderes são calculistas e normalmente não têm muito foco sobre os relacionamentos e sentimentos. Eles enxergam a responsabilidade como uma virtude fundamental e não se voltam aos outros para fornecer agradecimentos e apreciação. Fazem o que fazem porque "esse é seu dever" ou "essa é a sua função". Desse modo, tendem a dar pouco valor a qualquer tipo de mostra de apreciação por outras pessoas.

Uma variante desse posicionamento é encontrada entre jovens profissionais ambiciosos. Sentimos resistência de profissionais das Gerações X e Y, todos brilhantes e esforçados. Uma moça com esse perfil comentou conosco: "Sou automotivada e sempre dou o melhor de mim. Não espero ser elogiada por fazer meu trabalho, e creio que essa história da apreciação é irrelevante".

A segunda versão do desconforto pessoal com o ato de comunicar apreciação vem de indivíduos que têm dificuldade para se comunicar em nível pessoal. Esses líderes e gerentes dão ênfase aos fatos e são motivados por tarefas. O negócio deles é "concluir o trabalho" e normalmente são excelentes supervisores na área de produção. Essas pessoas não costumam mostrar muitas emoções além de raiva e frustração quando os objetivos não são alcançados. Às vezes, podem ser agradáveis e simpáticas, mas seu foco é "apenas os fatos, por favor". Têm dificuldade para expressar apreciação aos colegas. Se o fazem, isso pode acontecer de maneira bem formal. Em geral, seus comentários são breves: "Obrigado"; "Bom trabalho, Amanda"; "Muito bem, Marcus". Logo depois, seguem para o próximo objetivo a ser alcançado.

> Uma moça com esse perfil comentou conosco: "Sou automotivada e sempre dou o melhor de mim. **Não espero ser elogiada por fazer meu trabalho".**

Normalmente, esses funcionários não têm uma ampla gama de expressões emocionais. Costumam demonstrar apreço, mas nem pensam em compartilhar seus pensamentos com outros. Portanto, a não ser que sejam levados a fazê-lo, eles raramente expressam apreciação aos colegas de trabalho.

## Superação do desconforto pessoal com a manifestação de apreço

Os funcionários que não parecem realmente valorizar a mostra de apreciação aos seus colegas talvez nunca mudem de ponto de vista. Algumas pessoas têm sua própria mentalidade e não estão abertas a explorar novas ideias. Tentar forçá-las a mudar é provavelmente um desperdício de tempo e de energia, e fazê-lo resultará apenas em frustração.

Contudo, alguns desses indivíduos estão "dispostos a ouvir os fatos". As pesquisas indicam que comunicar apreciação aos funcionários diminui as chances de sua saída, aumenta a satisfação do cliente e, em algumas circunstâncias, eleva a produtividade.[1] Assim que entendem os benefícios de se comunicar apreço por outros, esses líderes se dispõem a apoiar entusiasticamente a construção de um ambiente profissional em que se expresse apreciação.

Um recurso bem útil é por nós chamado "O mito de que homens de verdade não precisam de encorajamento", disponível no *Kit* de Ferramentas da Valorização Pessoal, na parte final deste livro.

Outros líderes podem se dispor a "fazer uma experiência", ainda que seja para provar que você está errado. Cremos que, se um grupo de trabalho preencher o Inventário de Motivação através da Valorização Pessoal e compartilhar os resultados uns com os outros, um número significativo de indivíduos expressará apreciação, e isso dará origem a uma força de trabalho mais positiva e produtiva. Quando líderes veem resultados, é bem provável que encorajem outros departamentos a fazer o mesmo.

Um segundo grupo de pessoas que expressa desconforto são os mais introvertidos, menos socialmente hábeis ou não tão afeitos a relacionamentos. Para essas pessoas, a tarefa é encontrar os atos de encorajamento e apreciação que se enquadrem em sua zona de conforto. São necessários mais fundamento, maior incentivo e mais acompanhamento para se garantir que esses funcionários cumprirão o proposto. Para que consigam demonstrar apreciação por seus colegas, eles precisam começar com "passos de bebê" — aquelas ações que claramente se encaixam em seu repertório atual de comportamento. Eles precisam ser elogiados a cada ação que se aproxima dos comportamentos desejados. E, é claro, quando se mostra apreciação pelo comportamento dessas pessoas, deve-se usar a linguagem da valorização pessoal que preferem.

### DESAFIO NÚMERO 6: O "FATOR ESQUISITICE"

Um dos desafios interessantes que encontramos ao trabalhar as linguagens da valorização pessoal com empresas e organizações é aquilo que passamos a chamar de "fator esquisitice". A "esquisitice" vem do fato de que quando reunimos a equipe para informá-la sobre o material que ensina como encorajar e mostrar apreciação a um colega, e instruímos cada um a trabalhar em um plano para colocar os conceitos em prática em seus relacionamentos profissionais diários — uns com os outros —, muitas vezes, nesse momento, alguém diz: "Também creio que isso seja necessário, e quero começar a usar o que vocês nos ensinaram. Mas parece meio esquisito, pois vamos começar a encorajar uns aos outros e a fazer coisas para ajudar nossos colegas — só que todos sabemos que isso é parte do treinamento. Ou seja, tudo parece meio falso". E, normalmente, a maioria das pessoas presentes na sala balança a cabeça em sinal de concordância.

Duas questões precisam ser abordadas aqui. Primeiramente, existe o desconforto de começar a se relacionar de maneira um pouco diferente com seus colegas, uma vez que todo mundo sabe que tal iniciativa vem dos conceitos e do treinamento das linguagens da valorização pessoal. Isso costuma levar a uma hesitação em dar início à mostra de apreciação ou de encorajamento; o indivíduo receia ser visto como falso ou insincero. Frequentemente ouvimos este comentário: "Eles vão pensar que estou fazendo isso porque sou obrigado, — que aquelas pessoas são apenas uma tarefa para mim".

A segunda parte do "fator esquisitice" é o risco de o destinatário da mensagem desprezar o ato de encorajamento vindo da parte do outro por considerá-lo não genuíno, ou que "Ele só está fazendo isso para parecer bom diante do chefe". Se não forem cuidadosas, as pessoas poderão questionar a sinceridade das intenções de seus colegas.

Assim, há um senso de "esquisitice" criado tanto no indivíduo que está tendo a *iniciativa* de expressar um ato de encorajamento quanto na pessoa que pode *receber* uma mensagem de apreciação. Se não for tratada, a combinação desses dois padrões de pensamento pode ser mortal para o processo: ninguém faz nada por medo de que suas ações sejam julgadas como não autênticas.

### Superação do "fator esquisitice"

Descobrimos que alguns passos bem simples podem ser dados para diminuir imensamente o fator esquisitice. Primeiro, *nós o reconhecemos*. Como parte do processo de desenvolver aplicações práticas para cada membro da equipe, se a questão ainda não foi levantada, nós a sugerimos. "Sabem, descobrimos que muitas vezes, quando começamos a falar sobre essas ideias, as pessoas sentem-se um pouco desconfortáveis com a questão de todos trabalharem o ato de encorajar uns aos outros ao mesmo tempo". Nesse momento, percebemos que o nível de ansiedade do grupo diminui significativamente. (Nos círculos da psicologia, isso é chamado de "normalização": ajudar as pessoas a perceberem que aquilo que estão experimentando é normal capacita-as a aceitar sua situação e a reagir mais prontamente.)

Segundo, *fazemos uma relação entre aquela experiência e fatos vivenciados no passado.* Sempre que pessoas tentam algo desconhecido ou diferente, o novo comportamento pode parecer um pouco estranho ou pouco natural. No início, ele não "flui". (Existem muitos exemplos: aprender a dar um drible de futebol, ajustar o saque no vôlei, mudar o guarda-roupa ou o estilo do cabelo, iniciar um programa de exercícios físicos com um treinador.) Incentivamos as pessoas a entender e a aceitar o estranhamento inicial, mas também a perseverar e trabalhá-lo — a estranheza normalmente desaparece bem rápido.

*Também fornecemos ferramentas para acabar com o constrangimento.* Isso pode ser tão simples quanto dar à equipe uma frase de exemplo, como: "Sei que você pode achar que estou fazendo isso por conta do treinamento que tivemos sobre linguagens da valorização pessoal, mas estou sendo sincero...". Colocar a questão para fora normalmente desarma o problema. Também incentivamos o uso do humor para dissipar a situação. Quando uma pessoa recebe um ato de encorajamento, e está óbvio para ambas as partes que isso surgiu do treinamento, nós a encorajamos a dizer algo como: "Obrigado, sinto-me bem melhor agora — sinto que sou valorizado e apreciado" (com um sorriso, não com sarcasmo). Normalmente, muita gente ri quando colegas começam a usar as várias linguagens da valorização pessoal e aplicações práticas específicas, identificadas na lista de seus colegas.

Finalmente, *incentivamos todos a dar o benefício da dúvida aos seus colegas de trabalho e a aceitar suas ações como genuínas.* Sejamos honestos: é preciso alguma coragem para aceitar uma nova ideia e tentar fazê-la funcionar em nossos relacionamentos profissionais diários. Mas ter uma atitude positiva e pensar "Ei, pelo menos eles estão tentando; aprecio seu esforço" leva a interações positivas.

De fato, mais adiante no processo de treinamento, ouvimos repetidamente comentários como: "Preciso lhe dizer que, no começo, eu achava todo esse processo muito estranho, meio sentimentaloide para mim. E no início, muito embora eu soubesse que meus colegas estavam dizendo e fazendo coisas porque era parte deste projeto, senti-me realmente bem. Gostei de ouvir as coisas agradáveis que eles tinham a dizer". (Você pode ler mais sobre esse assunto em "Como reconhecer e lidar com o 'fator esquisitice'", disponível no *Kit* de Ferramentas da Valorização Pessoal, na parte final do livro.

**Para resumir**

Seríamos intelectualmente desonestos se afirmássemos que a *motivação através da valorização pessoal* é um processo fácil para qualquer pessoa em qualquer ambiente. Está claro que esse não é o caso. Existem alguns funcionários para quem o ato de encorajar colegas será um "ponto de crescimento" significativo. Determinados ambientes de trabalho possuem características intrínsecas que dificultam bastante a manifestação de apreço.

Contudo, não encontramos uma empresa ou organização sem fins lucrativos na qual o conceito de *motivação através da apreciação* não funcione. O desafio costuma exigir um pouco de criatividade de pensamento e inovação na resolução de problemas, mas os problemas não são insuperáveis. Cremos que vale a pena o esforço de envolver aqueles com quem você trabalha mais de perto num esforço de melhorar o nível de eficácia na expressão de apreciação uns aos outros.

## LEVANDO PARA O LADO PESSOAL

1. Numa escala de 0 a 10, até que ponto o excesso de atividade é um impedimento para que você implante o conceito de motivação através da valorização pessoal? Se o excesso de atividade é um grande problema, você estaria disposto a considerar o ato de aprender a fazer das expressões efetivas de apreciação uma de suas prioridades nos próximos seis meses?

2. Numa escala de 0 a 10, com que intensidade você sente que a motivação através da valorização pessoal vai melhorar o ambiente de trabalho em sua empresa? Se você se considera altamente motivado, então o que vai fazer para encorajar outros a se juntarem a você nesse propósito?

3. Você acha que a motivação através da valorização pessoal não vai funcionar na sua organização? Por quê? Você estaria disposto a discutir o conceito com pelo menos um de seus colegas e ouvir a opinião dele?

4. Numa escala de 0 a 10, qual é o nível de sobrecarga que suas responsabilidades atuais lhe impõem? Se você estiver bastante sobrecarregado, talvez esta não seja a melhor hora para tentar implantar o conceito de motivação através da valorização pessoal. Contudo, você pode considerar a ideia de aprender qual é a principal linguagem da valorização pessoal de pelo menos um colega de trabalho, numa tentativa de ser mais eficiente em expressar apreciação a essa pessoa.

5. Você já encontrou questões estruturais ou processuais que inibam padrões eficientes de manifestação de apreço em sua empresa? Se já, talvez queira tentar colocar em prática algumas das sugestões apresentadas neste capítulo para superar essas questões.

6. Numa escala de 0 a 10, quanto desconforto emocional pessoal você sente diante da ideia de comunicar apreciação aos seus colegas? Se o seu nível de desconforto é alto, você consegue identificar a razão para isso? O que você poderia fazer para diminuir esse sentimento? Lembre-se: dar "passos de bebê" é melhor do que não dar nenhum passo.

# 15

## O que fazer quando você não valoriza os membros de sua equipe

Durante uma apresentação do modelo de *motivação através da valorização pessoal*, um líder empresarial nos perguntou: "Mas e se eu realmente não apreciar aqueles que trabalham para mim?". Nossa primeira impressão foi a de que ele estava brincando, mas a declaração seguinte indicou que falava sério: "Não, não. É verdade. O que devo fazer se há pessoas na minha equipe que eu não aprecio? Não estou contente com o trabalho que elas estão realizando". Nosso propósito neste capítulo é responder a essa pergunta.

Descobrimos que existem tanto razões internas quanto externas para a falta de apreciação pelos membros da equipe. As razões internas residem em nós mesmos, enquanto as razões externas são compostas por vários fatores no ambiente de trabalho que impedem que sintamos apreciação por um colega em especial. Primeiramente, vamos examinar as questões internas.

### CLASSIFICAÇÃO DAS NOSSAS PRÓPRIAS QUESTÕES
Uma das razões mais comuns para que não tenhamos apreciação por aqueles com quem trabalhamos é que nutrimos

expectativas fantasiosas em relação a eles. Por inúmeras razões, algumas pessoas criam expectativas extremamente altas. Às vezes, isso inclui idealizações exageradas em relação a si mesmo. Ou, então, o foco está mais sobre as outras pessoas. Quem tem altas expectativas em relação a si mesmo pode apresentar autoestima tanto alta quanto baixa. Se constantemente alcançam seus objetivos, pessoas assim provavelmente se sentirão bem consigo mesmas, terão orgulho de si e sentirão que são muito bem-sucedidas. Contudo, se constantemente deixarem de atingir as expectativas que têm

> **Uma das razões mais comuns** para que não tenhamos apreciação por aqueles com quem trabalhamos é que nutrimos **expectativas fantasiosas em relação a eles.**

para si mesmas, poderão apresentar sentimentos de desânimo. Estão dizendo: "Não dei o máximo de mim naquele projeto. Não gosto da maneira como ele foi concluído. Sei que posso fazer melhor". Essas pessoas raramente se sentem bem-sucedidas porque não se permitem comemorar nada que esteja abaixo da perfeição.

Quando altas expectativas estão concentradas nos colegas ou nas pessoas que trabalham sob nossa supervisão, podemos muito bem estar esperando por mais do que lhes é possível realizar. Assim, não importa o que uma pessoa faça, pois aquilo nunca será "suficientemente bom" para nós. Não nos contentamos com o produto final. Podemos criticar ou fazer sugestões sobre como a tarefa poderia ter sido mais bem feita, de modo mais rápido ou com menos custo.

Alguns indivíduos que têm altas expectativas em relação aos outros são pessoas motivadas e, usualmente, notáveis no que fazem. Podem ser proprietários de negócios, gerentes, funcionários, clientes ou vendedores. Pelo fato de serem bastante entusiasmadas, elas naturalmente motivam outros e às vezes podem ser bastante autoritárias.

Em contrapartida, certas pessoas idealizam muito os outros simplesmente porque possuem uma personalidade afeita a críticas. Nem elas mesmas são necessariamente bem-sucedidas. Na verdade, podem até mesmo superestimar seu conhecimento e habilidades. Desenvolveram um estilo de vida que prima por criticar os outros. Essas pessoas nunca terão bons relacionamentos por uma simples razão: ninguém gosta de ser criticado constantemente. (Se você achar que pertence a essa categoria, nossa sugestão é que, o mais rápido possível, encontre um conselheiro competente que possa ajudá-lo a entender a si mesmo, compreender o que motiva suas críticas e descobrir como mudar esse padrão destrutivo de relacionamento com pessoas.)

Se você se vir insatisfeito com o nível de desempenho de alguns funcionários que trabalham sob sua supervisão, seria sábio fazer uma autoavaliação honesta e verificar se você tem expectativas irreais. Caso responda rapidamente "Não. Eu tenho padrões elevados, só isso", então pode estar se precipitando e chegando a uma conclusão errada. Sugerimos que faça a seguinte pergunta a um amigo que seja honesto com você: "Você acha que tenho expectativas irreais em relação aos outros? Por favor, dê sua opinião honesta". Se realmente levar isso a sério, você poderá fazer a mesma pergunta a dois ou três amigos próximos. Considere a resposta, pois, se suas expectativas forem de fato irreais, você nunca se tornará um encorajador, porque ninguém consegue agradá-lo. Existe apenas uma resposta: você deve minimizar suas expectativas de modo que possa genuinamente apreciar o trabalho árduo daqueles a quem supervisiona.

Outra razão pela qual pessoas não apreciam o trabalho dos colegas são as *implicâncias*. Reagimos negativamente a algumas pessoas não porque não estejam fazendo seu trabalho, mas porque há alguma coisa nelas que nos causa desconforto. Quando experimenta essa irritação, você pode se fundamentar em algum aspecto da personalidade do outro. Em sua opinião, elas "falam demais" ou "não conseguem manter uma conversa". Pode ser que o local de trabalho delas aparente estar sempre desorganizado ou você pode se ressentir do fato de que elas constantemente aparecem para trabalhar dez minutos atrasadas e saem dez minutos antes da hora. Talvez você se irrite com o fato de elas aparentarem estar sempre felizes. Você não acredita que alguém consiga ser tão feliz assim o tempo todo. Em contrapartida, pode ser o caso de você dizer a si mesmo: "Todos os dias tenho a impressão de que aquela pessoa acabou de perder seu melhor amigo".

A implicância também pode vir da maneira como os outros fazem as coisas. A maneira como dão conta de uma tarefa é exatamente oposta ao modo como você realiza aquela mesma atividade. Você pode se ressentir do fato de elas gostarem de ouvir música enquanto trabalham. O fone de ouvido enfiado na orelha faz com que você pense que elas não estão dando atenção plena ao trabalho. Sempre que vê isso, você fica irritado. Ou talvez você se irrite por conta da maneira como elas se vestem. Em sua opinião, as roupas delas são inadequadas para o ambiente profissional.

Às vezes a questão é simplesmente o fato de o estilo de vida da pessoa ser diferente do seu. Você não consegue imaginar por que ela usa argola no nariz, por que tem tatuagens nos braços ou um estilo de cabelo que, para você, é incivilizado. Em outros casos, ficamos irritados por conta da diferença de gerações. A mãe solteira de meia-idade se perturba com o jovem "machão" e solteiro que age como se o mundo girasse em torno dele.

Há muitas coisas que podem gerar implicância. Isso é fato em todos os relacionamentos humanos. A realidade é que as pessoas são diferentes. No ambiente de trabalho, a pergunta é: "Elas estão realizando seu trabalho de maneira satisfatória?". Se a resposta for "Sim", então você pode genuinamente expressar apreciação pelo trabalho delas, muito embora possa se irritar com outras questões.

> A realidade é que **as pessoas são diferentes**. No ambiente de trabalho, a pergunta é: **"Elas estão realizando seu trabalho** de maneira satisfatória?".

Se a resposta for "Não", e você for o supervisor, você precisa abordar o problema de desempenho no trabalho.

A verdade é que não podemos mudar a personalidade e o estilo de vida dos outros para que todos se pareçam conosco e ajam como nós. Temos de aceitar as diferenças humanas e procurar maneiras de incentivar aqueles indivíduos cujo comportamento possa de fato nos irritar, mas cujo desempenho no trabalho seja positivo.

Outra razão pela qual alguns supervisores têm dificuldade para expressar apreciação é que eles têm *informação inadequada*. Descobrimos que alguns gestores não apreciam funcionários a quem não supervisionam diretamente porque não entendem por completo as responsabilidades daquelas pessoas. A falta de informação resulta em padrões ruins de comunicação dentro da empresa. Rob, um supervisor, disse:

— Não entendo o que o Chris faz. Tudo o que o vejo fazer é zanzar por aí, indo de uma mesa a outra. Achei que ele era nosso homem de tecnologia da informação. Ele não deveria estar em sua mesa garantindo que o nosso sistema de informática funcione corretamente?

Sasha, diretora de sistemas de informação, respondeu a Rob:

— Chris é nosso especialista em rede, e sua principal responsabilidade é garantir que o computador de cada pessoa esteja corretamente conectado à rede para que possa se comunicar com os demais. A razão de você vê-lo indo de um lugar para outro é que ele está respondendo a chamados de pessoas cujos computadores não estão funcionando de modo adequado. Ele vai falar com elas pessoalmente, ouve o que está acontecendo e conserta o problema. Chris faz exatamente o que deve fazer. E está fazendo bem.

— Ah, então está certo. Se é isso o que ele deveria fazer, então está ótimo — devolveu Rob, um pouco envergonhado.

Se você tem uma pergunta sobre o desempenho de uma pessoa que não trabalha sob sua supervisão direta, sempre é sábio conversar com o gestor a quem esse funcionário se reporta. Você pode descobrir que sua preocupação se deve simplesmente à falta de informação. Quando Rob encontrou Chris no corredor, dois dias depois, ele disse: "Ouvi Sasha dizer coisas boas sobre seu trabalho. Fico feliz com o que você está fazendo pela empresa". Chris saiu dali sentindo-se afirmado. Rob foi capaz de expressar apreciação genuína porque se preocupou em obter informações.

É possível haver outras questões internas que impedem as pessoas de fornecer apreciação autêntica, mas essas são as três mais comuns que encontramos. Vamos tratar agora das questões externas.

### SE A QUESTÃO ESTIVER LIGADA AO DESEMPENHO

É comum descobrirmos que existem boas razões para um gerente não estar feliz com uma pessoa de sua equipe. Não se trata de nada relacionado a algum padrão de pensamento da parte do gerente. Existe um fator objetivo por trás da falta de apreciação pelo colega. O funcionário talvez não esteja desempenhando suas funções de maneira adequada. Isso acontece em quase todas as organizações. Algumas pessoas simplesmente não realizam seu trabalho com um nível aceitável de qualidade.

Pode haver muitas razões para esse baixo desempenho. Vejamos a seguir três dos fatores mais comuns que encontramos. Primeiramente, o funcionário pode estar passando por *problemas pessoais em casa*. É sabido que, quando alguém passa por um divórcio, seu desempenho no trabalho é afetado negativamente. Quando adultos têm filhos que se envolvem em problemas com a lei ou fazem uso de drogas, é comum que isso afete de forma negativa seu rendimento na empresa. Um adulto solteiro que tenha experimentado recentemente o fim de um relacionamento de longa data pode se distrair de suas responsabilidades profissionais.

Também pode ocorrer de o funcionário ter *problemas físicos*. Empregados que convivem com dor crônica ou que estejam tomando remédios, seja qual for o motivo, podem enfrentar desafios no ambiente de trabalho que talvez não sejam prontamente percebidos pelos colegas.

Outra possibilidade é a de alguns funcionários terem uma *ética de trabalho ruim*. Eles desenvolveram uma atitude que diz: "Faça apenas o necessário". Podem simplesmente tolerar o emprego para conseguir colocar comida sobre a mesa.

Um gestor não tem como saber o que está provocando o desempenho ruim a não ser que pergunte ao funcionário. Muitos gerentes não gostam da confrontação e passarão meses evitando tratar do baixo desempenho de um funcionário.

228  AS CINCO LINGUAGENS DA VALORIZAÇÃO PESSOAL NO AMBIENTE DE TRABALHO

Infelizmente, isso não resolve a situação, e o gerente fica cada vez mais frustrado. Ele terá dificuldades para expressar apreciação àquele empregado.

Nossa sugestão é que o gerente tenha uma conversa aberta e honesta com a pessoa. A abordagem precisa ser gentil, mas também direta. Pode-se dizer algo mais ou menos assim:

> Muitos gerentes **não gostam da confrontação** e passarão meses **evitando tratar** do baixo desempenho de um funcionário.

"Jen, tenho observado nas últimas semanas que você não vem apresentando o desempenho que costuma ter. Isso me preocupa. Sei que provavelmente existe uma explicação, e é por isso que quis conversar com você. Está acontecendo alguma coisa em sua vida que esteja contribuindo para a diminuição do seu rendimento? Se estiver, quero fazer o que me for possível para ajudar você". Essa abordagem atenciosa provavelmente fará com que Jen responda com sinceridade.

De posse dessa informação, o gestor pode ser útil para o funcionário. A gerente que teve tal conversa com Jen, uma assistente administrativa, descobriu que o filho da funcionária estava enfrentando problemas com drogas. A gerente conseguiu ajudar Jene a encontrar um programa de treinamento de baixo custo para o filho, e isso fez aprofundar a amizade entre ambas, bem como aumentar a produtividade da funcionária. Depois, a gerente foi capaz de expressar apreciação autêntica. A assistente administrativa então devolveu apreço genuíno à gerente.

Outra razão de as pessoas não terem um desempenho satisfatório é que *elas não foram treinadas adequadamente para suas responsabilidades*. Em nossa experiência, descobrimos que esse é um motivo comum para baixo desempenho no trabalho. O supervisor presumiu que o funcionário tinha habilidade e conhecimento básico, ou acreditou que o funcionário conseguiria isso por conta própria. Em algumas semanas ou meses, os colegas percebem que o funcionário não está realizando a tarefa num nível satisfatório. Essa realidade costuma passar despercebida pelo supervisor porque ele assume que o departamento de recursos humanos tenha avaliado corretamente o novo empregado. Contudo, poucos funcionários entram em cena com todas as habilidades e informações necessárias para realizar adequadamente seu trabalho.

Quando o chefe percebe que a pessoa não tem a informação ou o treinamento necessários para executar uma tarefa, a reação mais positiva é fornecer esse treinamento, o que pode acontecer de muitas maneiras. O gestor pode permitir que o funcionário trabalhe com um colega mais hábil por alguns dias, para um treinamento no próprio local de trabalho. Ou talvez seja necessário exigir que o funcionário frequente cursos no instituto técnico local, onde, usando seu próprio tempo e recursos, possa aprender as habilidades exigidas para o trabalho. Se o funcionário não se dispuser a aceitar o treinamento que lhe é oferecido, então somos da opinião de que o supervisor não tem alternativa senão dar início ao processo de desligamento do empregado.

No mundo de hoje, a maioria dos funcionários está disposta a receber oportunidades de treinamento para que possa manter o emprego. Assim que  perceber que a pessoa está tendo a iniciativa de aprender, e consequentemente elevar o nível de seu desempenho, o gerente pode então comunicar uma apreciação autêntica ao funcionário. Nesse caso, o empregado se sente encorajado e motivado a continuar alcançando seu potencial para o trabalho.

Uma terceira razão bastante comum para o baixo rendimento no trabalho é o fato de a empreza *não contar com um processo eficiente de revisão*, feedback, *instrução e correção*. Em nosso trabalho com empresas, um dos déficits mais comuns que observamos é a falta de processos estabelecidos para analisar o desempenho do funcionário, procedimentos que o mantenham regularmente informado e lhe forneçam instruções corretivas. Essa é a fórmula da frustração, tanto do funcionário quanto do supervisor.

Todos nós temos "áreas de crescimento". Supervisores e empregados precisam de momentos regulares para comunicar uns aos outros o que está indo bem e o que pode ser melhorado. Quando não há um processo estruturado para tanto, esse tipo de comunicação costuma não ocorrer.

Com isso, o chefe acabará insatisfeito com o desempenho do funcionário e provavelmente terá grande dificuldade para expressar-lhe apreciação genuína. Na verdade, ele fica frustrado com o funcionário. E, uma vez que não há momento definido para um *feedback* regular, as semanas se passam enquanto a frustração do supervisor só cresce. O funcionário pode ou não saber da insatisfação do supervisor, mas certamente não é incentivado por ele.

Se sua empresa não possui um processo de avaliação em funcionamento, sugerimos que você converse com a pessoa que diretamente supervisiona seu trabalho. Compartilhe o conceito e deixe que as pessoas o distribuam com seus próprios supervisores. Se o assunto surgir entre os funcionários, um gerente sábio ouvirá e provavelmente dará início ao processo.

Nesse meio-tempo, um funcionário pode pedir *feedback* de seu supervisor imediato. Perguntar "O que estou fazendo bem e o que posso melhorar?" é um passo positivo. Essa é uma maneira informal de o empregado obter informações e correções antes que uma questão se transforme num problema maior. A maioria dos gestores está disposta a dar esse tipo de informação se o funcionário solicitá-la. Ao ver o empregado esforçando-se para conseguir mudanças positivas, o chefe provavelmente começará a lhe dar genuínas mostras de apreciação.

Por outro lado, um gerente que esteja infeliz com o desempenho de um funcionário também pode iniciar informalmente o processo, simplesmente dizendo à pessoa: "Gostaria de obter suas sugestões sobre o que eu poderia fazer para que você fosse mais bem-sucedido em sua função". Ouça cuidadosamente as sugestões do funcionário. Isso pode lhe dar uma indicação das razões pelas quais o indivíduo está tendo um baixo rendimento. Se a sugestão parecer razoável, coloque-a em prática. No contexto de uma conversa atenciosa, você pode então dar ao funcionário um *feedback* honesto sobre suas observações e sugestões em relação àquilo que ele pode fazer para melhorar o desempenho no trabalho.

> Perguntar "**O que estou fazendo bem** e o que posso melhorar?" é um **passo positivo.**

O que estamos dizendo é que, se uma empresa não tiver um processo de revisão, *feedback* e instrução corretiva, isso pode ser realizado de maneira informal. Se o funcionário responde positivamente, o gerente será capaz de prover genuínas expressões de apreciação.

## Para resumir

Descobrimos que estimular equipes de funcionários e supervisores a preencher o Inventário de Motivação através da

Valorização Pessoal é uma ação que costuma descortinar outras questões que precisam ser abordadas. De fato, incentivamos abertamente os supervisores a não tentarem comunicar apreciação se eles não apreciarem de fato o membro da equipe. A maioria das pessoas possui receptores muito sensíveis que captam formas insinceras de comunicação. Fingir apreço quando, na verdade, não existe uma base genuína para tanto provocará dano real ao relacionamento entre o supervisor e o funcionário.

É muito melhor aguardar — e lidar com as questões fundamentais. Se o supervisor perceber que o problema é uma questão dentro de si mesmo, então ele deve identificar o que o está impedindo de fornecer apreciação genuína. (Por favor, veja "O elogio pode ser um problema?", disponível no Kit de Ferramentas da Valorização Pessoal, no final do livro.)

> **Incentivamos abertamente os supervisores** a não tentarem comunicar apreciação **se eles não apreciarem de fato o membro da equipe.**

Por outro lado, se o supervisor concluir que o problema tem a ver com um dos três fatores externos aqui discutidos, ele deve abordar diretamente as questões pessoais do funcionário, fornecer mais treinamento ou buscar estabelecer um processo regular de apresentação de *feedback* corretivo ao indivíduo.

Uma última nota: no mundo corporativo de hoje, o *coaching* de executivos tornou-se uma abordagem popular para ajudar supervisores a analisar e resolver problemas relacionais. Um *coach* qualificado pode ajudar o gerente a avaliar até que ponto suas expectativas são realistas, ou a lidar com questões pessoais entre chefe e empregado. A maioria dos supervisores pode fortalecer suas próprias habilidades interpessoais ao solicitar a ajuda do *coach*.

## LEVANDO PARA O LADO PESSOAL

1. Existem pessoas que trabalham sob sua supervisão a quem você acha difícil, se não impossível, expressar apreciação autêntica?
2. Se você não é gerente, há colegas de trabalho que você honestamente não aprecia?

**Questões internas.**

1. Você estaria disposto a realizar o exercício apresentado a seguir? Coloque o nome da pessoa que você não aprecia no alto de uma folha de papel. (Você pode criar folhas adicionais para outros colegas.) Reflita sobre a possibilidade de sua falta de apreciação basear-se em questões internas, ao responder às seguintes perguntas:

    a. Existe a chance de você ter expectativas irreais em relação a esse funcionário?
    b. Sua falta de apreciação tem como base implicância com o indivíduo? Se a resposta for "Sim", o que especificamente irrita você?

    - Existem chances de essa pessoa mudar esses fatores de irritação?
    - Você acha que poderia vir a aceitar esses fatores simplesmente como características de personalidade e afirmar esse colega pelo trabalho que ele executa, muito embora você considere irritantes algumas coisas que ele faz?

    c. Existe a possibilidade de que sua implicância tenha como base o fato de você não ter informações sobre o que o funcionário deve fazer em sua função? Se a resposta for "Sim", como você poderia obter essas informações?

**Questões externas**

1. Você concluiu que o motivo de não conseguir expressar apreciação por aquela pessoa é que ela simplesmente não está trabalhando de maneira adequada? Se sua resposta for "Sim", estaria disposto a envolver esse funcionário numa conversa a fim de descobrir o que está acontecendo na vida dele que o impede de alcançar seu potencial?

2. Existe a possibilidade de que a pessoa não tenha sido adequadamente treinada para exercer suas responsabilidades? Se existe, quais passos você poderia dar para ajudá-la a obter o treinamento de que precisa?

3. Se a sua empresa não possui um processo eficiente de avaliação, *feedback* e instrução corretiva em funcionamento, quais passos você poderia dar, formal ou informalmente, para fazer disso uma realidade em sua organização?

4. Se você é supervisor, já considerou a possibilidade de ter algumas reuniões com um *coach* de executivos para melhorar suas próprias habilidades de liderança?

# Conclusão: agora é a sua vez

Comunicar apreciação e incentivo aos colegas de trabalho é uma poderosa ferramenta para influenciar sua empresa positivamente, seja qual for a posição que você ocupe no contexto organizacional. Todos nós estamos cientes, porém, de que a habilidade e a disposição de mostrar apreciação e comunicar encorajamento não são uma pílula mágica que vai resolver todos os desafios dentro do ambiente de trabalho.

Reconhecemos que um ambiente profissional sadio será caracterizado por diversos fatores, incluindo:

- Membros de qualidade na equipe.
- Habilidade e procedimentos eficientes para facilitar a comunicação regular.
- Relacionamentos de confiança.
- Objetivos e visão comuns entre os membros da equipe.
- Processos e procedimentos padronizados, incluindo padrões a serem alcançados e monitoramento constante de desempenho.
- Métodos saudáveis para correção e resolução de conflitos.
- Responsabilidades claras, incluindo prestação de contas e recompensas pelos resultados.

Quanto mais dessas características existirem numa organização, maior será a probabilidade de que ela alcance seus objetivos e de os membros da equipe gostarem de seu trabalho.

Também sabemos que nenhuma organização é perfeita. Cada uma tem seus pontos fortes e fracos característicos. Mas descobrimos que, quando os funcionários de uma empresa se envolvem na comunicação de apreciação e encorajamento de forma mais significativa para cada um dos membros da equipe, então coisas boas acontecem:

- As interações entre os colegas assumem um tom mais positivo.
- As tensões relacionais que já existiam começam a diminuir.
- Funcionários (e voluntários) relatam que o ambiente de trabalho se torna mais agradável.
- Funcionários de qualidade (incluindo voluntários) permanecem na organização por mais tempo.
- O trabalho produzido tem mais qualidade.
- Os clientes começam a relatar níveis mais elevados de satisfação em suas interações com a empresa.

## APRECIAÇÃO, VITAMINAS E ANTIBIÓTICOS

Vamos compartilhar com você uma boa descrição do que descobrimos ser útil para ilustrar o poder do encorajamento e da apreciação na transformação dos relacionamentos de trabalho. O uso contínuo do incentivo (aproximar-se de um colega de trabalho e estimulá-lo a perseverar) e de apreço (comunicar um senso de valor pelo trabalho que a pessoa está realizando e pelas qualidades de caráter que ela demonstra) é muito semelhante às vitaminas e aos antibióticos.

Essas duas substâncias ajudam nosso corpo físico a se manter saudável. Tomar vitaminas regularmente é um hábito proativo que fornece os tijolos para a construção de um corpo saudável. Quando ocorre um ferimento, os antibióticos são os compostos químicos que combatem uma infecção. Os dois têm seu papel na manutenção da saúde de nosso corpo.

Algumas características interessantes devem ser destacadas sobre as vitaminas e os antibióticos. Primeiro: seus componentes não são tão poderosos a ponto de uma única dose satisfazer toda a necessidade de um corpo (existem alguns antibióticos bastante fortes, mas eles são a exceção, não a regra). Tomar uma vitamina (ou até mesmo vários tipos delas) uma única vez não provocará grandes alterações em nosso físico. Seu poder e influência são um resultado de uma série de pequenas ações que ocorrem continuamente com o passar do tempo. Tomar vitaminas rigorosamente todos os dias durante um longo período de tempo pode ajudar a fornecer os elementos químicos de que você precisa para desenvolver um corpo saudável. Do mesmo modo, quando uma infecção está se desenvolvendo, o uso repetido de um antibiótico é necessário para debelá-la.

Segundo, pessoas diferentes precisam de uma variedade de substâncias, em diferentes quantidades, para que possam manter a saúde em dia. Não existe um suplemento vitamínico do tipo "tamanho único", que satisfaça as necessidades de todos. Certas pessoas precisam de mais cálcio; algumas, de mais ferro; outras, de outros componentes menos conhecidos. E também não existe um único antibiótico que seja adequado para exterminar todas as bactérias causadoras de infecções. Um antibiótico tópico pode ajudar a curar um ferimento na pele; outro é necessário para combater uma faringite. Também é importante usar o remédio certo para a situação certa. Se não o fizermos, o corpo não receberá os nutrientes ou o apoio de que precisa para se manter saudável.

Além disso, vitaminas e antibióticos não têm nada de extraordinário. Pode ser fácil esquecer-se de tomar vitaminas ou de aplicar o antibiótico sobre uma ferida. E falhar um dia ou dois provavelmente não trará tanto prejuízo. Mas, se você se esquecer repetidamente de tomar as vitaminas de que precisa ou parar de tomar o antibiótico conforme prescrito, com o passar do tempo é bem provável que a saúde de seu corpo seja afetada negativamente.

O mesmo acontece com a apreciação e o encorajamento. Um único ato de incentivo não tem a aparência de algo que vá transformar o mundo ou fazer verdadeira diferença na vida de um colega. Mas o impacto pode ser magnífico quando apreço e estímulo são comunicados de maneira constante durante um longo período de tempo, mediante atitudes que sejam significativas para o indivíduo. Quando uma empresa é composta de elementos saudáveis que se comunicam de modo eficaz, assim como quando um organismo é preparado com defesas para combater invasores perniciosos, isso pode ser a diferença entre sobreviver a tempos difíceis e sucumbir a um colapso na saúde.

## APLICAÇÃO DOS CONCEITOS EM
### SEU AMBIENTE DE TRABALHO

É nosso desejo que, seja qual for a posição que ocupe dentro de sua empresa, você use a informação fornecida neste livro e a aplique aos seus relacionamentos diários. Temos visto funcionários fazendo a diferença em seu ambiente de trabalho quando começam a encorajar seus colegas e a mostrar apreço por eles. Se você achar útil, talvez queira compartilhar o relatório do seu Inventário de Motivação através da Valorização Pessoal com seu supervisor e encorajá-lo a conhecer melhor nossa proposta. Você também pode compartilhar com ele o *Kit* de Ferramentas da Valorização Pessoal, disponível no final deste livro. Nossa experiência tem mostrado que é comum o supervisor ficar curioso, contatar-nos e começar a conduzir sua equipe pelo processo das cinco linguagens da valorização pessoal. Às vezes, isso se inicia em nível departamental. Em diversas empresas o processo cresceu e se espalhou sistematicamente por toda a organização.

### KATHY: "PENSEI QUE CONHECIA OS MEMBROS DA MINHA EQUIPE"

Vamos compartilhar um último exemplo. No cargo de gerente regional de uma agência internacional de serviço social, Kathy sabia da necessidade de desenvolver um processo de treinamento em liderança junto a seus principais líderes, espalhados por uma região que envolvia três estados. Uma vez que a organização era sem fins lucrativos, os membros da equipe estavam ali, em grande parte, por conta de um senso de chamado para servir aos outros. Embora o grupo pudesse ser considerado saudável, Kathy sabia que os membros corriam risco de *burnout* devido às constantes exigências do trabalho que desenvolviam e dos recursos limitados da organização. Durante um curso de treinamento em liderança do qual participava, Kathy conheceu o conceito das *cinco linguagens da valorização pessoal no ambiente de trabalho*. E percebeu que os líderes com quem trabalhava precisavam de encorajamento e apoio, mas sentia que seus esforços não estavam atingindo o objetivo.

240 As cinco linguagens da valorização pessoal no ambiente de trabalho

Conseguimos fazer uma sessão de apresentação por video-conferência para os membros de sua equipe, distribuídos por vários escritórios. Apresentamos ao grupo os conceitos de motivação através da valorização pessoal e todos os membros (cerca de dez) preencheram o Inventário de Motivação através da Valorização Pessoal. Conduzimos outra videoconferência a fim de realizar o acompanhamento dos resultados e para explicar mais detalhadamente as linguagens da valorização pessoal na vida diária; também os ajudamos a desenvolver os planos de ação iniciais para implantar o processo. Compartilhamos com os membros da equipe um gráfico que mostrava a principal linguagem da valorização pessoal de cada pessoa do grupo, sua linguagem secundária e a linguagem menos importante. Continuamos o acompanhamento através de *e-mails* de lembrete e sugerimos ações que eles poderiam tentar executar, a cada duas semanas, durante três meses.

Os resultados foram significativos. Kathy compartilhou conosco que o fato de saber como incentivar de maneira específica os membros de sua equipe fortaleceu em muito seus esforços na mostra de apreciação. Ela também desenvolveu uma lista de itens com as ações preferidas para cada uma das principais linguagens da valorização pessoal dos colaboradores, individualmente. Isso deu a ela informações específicas que lhe permitiram saber como melhor expressar apreciação aos membros da equipe.

Posteriormente, Kathy nos disse: "Eu achava que conhecia os membros da minha equipe e que sabia o que era importante para eles, uma vez que já estávamos trabalhando juntos havia vários anos. Contudo, percebi que estava desconectada de muitos deles. O fato de identificar a linguagem da valorização pessoal preferida de cada um e, em especial, incluir ações específicas que eram importantes para eles permitiu que eu atingisse o alvo mais facilmente, mesmo estando fisicamente distante".

Ela continuou: "As mudanças em nossa equipe foram notáveis. Estamos nos dando bem melhor e mostramos apreciação genuína uns pelos outros. Vejo as pessoas indo até seus colegas e os encorajando quando percebem que estão enfrentando dificuldades. Isso se tornou uma coisa 'engraçada' para nós: aprender como podemos comunicar apreciação de maneira eficiente".

Enquanto trabalhávamos com Kathy, ela foi promovida a um novo cargo de supervisão, transferindo-se para uma região maior. A gerente nos disse: "Vou usar o Inventário de Motivação através da Valorização Pessoal com minha nova equipe. Existe uma enorme necessidade ali. Os relacionamentos não são tão saudáveis — muita competição interna, com algumas disputas. Eles precisam de ajuda e de ferramentas que os ensinem como comunicar-se mais positivamente uns com os outros. Mal posso esperar para ver o que vai acontecer. Vamos nessa!". Estamos atualmente trabalhando com Kathy na realização desse objetivo.

### VAMOS NESSA!

Uma das principais lições que aprendemos ao trabalhar com diversos tipos de organizações e um amplo espectro de membros de equipe foi o seguinte princípio:

*A principal diferença entre um plano bem-sucedido e um plano que fracassa é o grau até o qual o plano é realmente testado, em que ações corretivas são tomadas quando necessário e as estratégias continuam a ser implementadas com o passar do tempo.*

Comunicar apreciação e encorajamento de maneira eficiente não é complicado. As ideias não são tão difíceis de serem entendidas intelectualmente. As chaves para o sucesso, tal como ocorre com a maioria das mudanças comportamentais, são de fato *começar* a aplicar os conceitos, "subir de novo no cavalo" após eventuais equívocos, para que o plano seja mantido em funcionamento, e comprometer-se a perseverar no longo prazo. Então você verá os benefícios de seus esforços.

Cremos que o desejo de trabalhar (envolver-se em atividade significativa e produtiva, remunerada ou não) é típico da natureza humana. E a experiência de valorizar o trabalho de uma pessoa vem de uma combinação de fatores: nossas próprias atitudes, prática de hábitos saudáveis dentro dos relacionamentos, sentir-se afirmado e valorizado por outros e reconhecer que apreciar o trabalho de alguém é um dom de nosso Criador.

É nosso desejo que milhares de funcionários e voluntários descubram que os conceitos deste livro são uma ferramenta significativa para ajudá-los a criar um ambiente de trabalho mais positivo. Cremos que a melhora no clima emocional entre os funcionários ajudará a organização a alcançar seus objetivos de maneira mais eficiente. Se as pessoas gostam do trabalho que realizam e se sentem apreciadas por supervisores e colegas, elas apresentarão uma possibilidade muito maior de demonstrar lealdade organizacional e trabalhar duro para ajudar a organização a continuar sendo bem-sucedida.

Se você acha que este livro é útil, esperamos que o compartilhe com seus amigos em outras instituições. Ao comunicar apreciação e encorajamento de maneira eficiente aos outros, você pode ser a força que cria um ambiente de trabalho mais positivo para si mesmo e para os que estão à sua volta.

# *Kit* de Ferramentas da Valorização Pessoal

Recursos para usar e compartilhar com outras pessoas

Conforme trabalhávamos o modelo de *motivação através da valorização pessoal* com empresas e organizações, descobrimos que certas questões e dificuldades surgem repetidamente. Diante disso, desenvolvemos uma série de ferramentas individuais que abordam as perguntas mais frequentes.

Exploraremos aqui questões como:

- De que forma posso saber quando minha equipe precisa se sentir apreciada?
- Qual é a melhor maneira (e a mais eficiente em termos de custo) de dar presentes?
- Os homens realmente precisam de encorajamento?
- O que dizer sobre os voluntários?

Esperamos que isso seja útil para você e sua equipe.

## Entendendo algumas dicas não tão sutis de que seus colegas precisam sentir-se apreciados

Você pode estar cercado de colegas de trabalho que precisam ser encorajados — e talvez não saiba disso. Nem todo mundo usa uma placa com os dizeres "Preciso me sentir valorizado" ou "Esgotamento à vista — precisa-se de encorajamento".

Alguns de nós, é claro, de fato usam "placas" no rosto, por meio das quais os outros podem facilmente dizer que estamos desanimados ou cansados. (E espera-se que nossos colegas respondam aos nossos pedidos indiretos de ajuda.) Mas é muito mais difícil ler algumas pessoas. E alguns de nós não possuem um talento especial para perceber as indicações enviadas pelos outros. Eles podem estar comunicando claramente sua agonia, mas não entendemos os sinais.

Veja aqui alguns indícios que você pode levar em conta e que o ajudarão a saber quando aquelas pessoas com quem você trabalha talvez estejam precisando de uma mensagem de apreciação ou de encorajamento.

### DESÂNIMO

Desânimo significa literalmente "falta de coragem". Às vezes, com o passar do tempo, as pessoas perdem o entusiasmo. Elas começam a questionar por que deveriam continuar. Quando você vir pessoas fazendo declarações como "Por que tentar? Não faz diferença" ou "Estou pronto para desistir e colocar um fim nisso", saiba que um senso de desânimo está se instaurando.

### IRRITABILIDADE E RESISTÊNCIA

Quando os membros da equipe têm irritação crônica, isso normalmente significa que estão tristes ou aborrecidos com alguma coisa. Pode se tratar de algo relacionado ao trabalho ou talvez se deva a questões pessoais. Mas o problema é mais intenso quando o funcionário mostra resistência — por exemplo, à instrução e a novos procedimentos, ou a mudanças. É comum os funcionários se tornarem irritáveis e resistentes quando não se sentem valorizados pelos outros por aquilo que fazem.

### AUMENTO DE ABSENTEÍSMO E DE ATRASO

Algumas pessoas enviam mensagens indiretas de que estão infelizes. Não comparecer regularmente para trabalhar ou chegar constantemente atrasado é uma maneira indireta de dizer "Não quero estar aqui" ou "Não creio que eu realmente faça falta por aqui". Embora o padrão de atraso ou de absenteísmo precise ser tratado diretamente pelo supervisor desse empregado, a gerência também precisa reafirmar a importância do funcionário para a organização — ou seja, dizer que a pessoa de fato é importante.

### CINISMO E SARCASMO

É comum ouvirmos gerentes relatando preocupação sobre o crescente cinismo entre seus funcionários. Respostas sarcásticas a novos processos e procedimentos podem se tornar lugar-comum. Cinismo e sarcasmo costumam revelar raiva e desconfiança latentes. Mas uma prática rigorosa de apreciação autêntica pode começar a reverter o negativismo no ambiente profissional.

### APATIA E PASSIVIDADE

As pessoas se tornam passivas quando acreditam que suas ações não são importantes e que, por mais que tentem fazer algo, isso não fará diferença. A apatia (aquela atitude que diz "Para que tentar?") costuma levar à passividade. Funcionários começam a envidar menos esforço quando acreditam que seu supervisor ou seus colegas não valorizam o que eles fazem. Quando você observar aumento na passividade entre os membros de sua equipe, tome cuidado, pois a diminuição do desempenho no trabalho não estará longe.

### AFASTAMENTO SOCIAL

Um claro sinal de advertência de um colega que não se sente valorizado ou que acha que de fato não faz parte da equipe é o momento em que ele começa a se afastar socialmente. Empregados que se tornam menos comunicativos, que não "se achegam" muito, que recusam convites para almoços ou encontros informais após o expediente, bem como aqueles que não estão envolvidos como antes, costumam indicar afastamento do restante da equipe. Normalmente se afastam porque acham que ninguém se importa com eles. Essas pessoas precisam ser encorajadas e valorizadas por seus colegas.

## AMBIENTE DE TRABALHO NEGATIVO

Quando o ambiente de trabalho em geral é caracterizado por estilos de comunicação negativos, então o encorajamento e a apreciação são uma necessidade urgente para todos. Comentários positivos entre colegas podem, aos poucos, se transformar em comentários mordazes, reações intensamente negativas e respostas abertamente críticas entre os membros da equipe. Em situações assim, é necessário haver um esforço concentrado e contínuo para superar o negativismo.

## RESUMO

Se você prestar atenção, perceberá que seus colegas estão constantemente enviando sinais claros de que precisam sentir-se valorizados por aqueles com quem trabalham. A utilização das várias linguagens da valorização pessoal, bem como das aplicações práticas que eles próprios identificaram como sendo significativas para eles, fornecerá os melhores resultados para você "atingir o alvo".

Fazer isso ajudará a elevar o moral dentro do ambiente de trabalho e também fornecerá o fundamento para que seus colegas de trabalho sintam que são valorizados na equipe. Os resultados se tornarão evidentes e serão benéficos para todos.

## Como recompensar voluntários

Os voluntários podem ser ao mesmo tempo os colaboradores mais fáceis e os mais difíceis de encorajar e a quem mostrar apreciação. É fácil encorajá-los porque é comum que suas expectativas não sejam muito altas (com exceção dos voluntários adolescentes!) e, portanto, qualquer comunicação positiva é bem recebida.

Mas a tarefa de mostrar apreciação aos voluntários também é difícil por diversas razões. Primeiramente, é comum eles não estarem por perto. Podem aparecer para ajudar semanalmente, uma vez por mês ou apenas em eventos especiais. E, quando estão presentes, em geral estão cheios de trabalho a fazer, e o supervisor está ocupado gerenciando muitas pessoas. Segundo, a não ser que sejam voluntários há bastante tempo (o que é mais exceção do que regra), as pessoas que os supervisionam normalmente não os conhecem muito bem. Portanto, não sabem qual é a melhor maneira de encorajá-los.

Descobrimos que, como parte da orientação aos voluntários, é melhor que a organização peça que eles preencham o Inventário de Motivação através da Valorização Pessoal e, só depois, apresente o conceito de linguagens da valorização pessoal. Temos alcançado êxito com essa prática como parte da implantação do projeto no início do período de serviço (por exemplo, no início do ano letivo). Isso comunica imediatamente aos seus voluntários que você os valoriza e quer saber como encorajá-los no serviço que prestam.

Mas, se você precisa de algumas sugestões diretas e objetivas sobre como incentivar e mostrar apoio aos seus voluntários, veja a seguir algumas dicas que podem ser colocadas em prática imediatamente.

- Regularmente, forneça encorajamento verbal.
- Diga "obrigado" com frequência e imediatamente.
- Reforce comportamentos positivos que você quer que os outros imitem.
- Use pessoas como exemplos positivos; conte histórias sobre elas.
- Elogie o voluntário na frente dos demais membros da equipe ou das pessoas a quem estão servindo.
- Dirija-se a cada voluntário pelo nome.
- Vá conversar com esses colaboradores assim que eles chegarem para o serviço, e esteja com eles no final do dia, antes de irem embora.
- Olhe-os nos olhos enquanto conversa.
- Dê-lhes instruções claras e padrões daquilo que se espera que seja um "trabalho bem realizado"; encoraje-os à medida que tentam alcançar tal padrão.
- Pergunte ou avalie em que eles são bons e do que gostam de fazer. Se possível, combine suas habilidades e interesses com tarefas similares.
- Trabalhe junto com eles. À medida que faz isso, conheça-os melhor.

- Pergunte se há algo de que precisam, alguma coisa que ajudaria seu trabalho a ser mais bem realizado.
- Dê-lhes um pequeno presente que contenha o logotipo ou o *slogan* da organização (mas certifique-se de que seja algo de que as pessoas precisam ou que valorizam), dando-lhes mais senso de conexão com a instituição.
- Faça com que os voluntários trabalhem juntos em equipes pequenas, em vez de atuarem individualmente.
- Forneça lanches e bebidas durante ou após o período de serviço.
- Passe algum tempo individualmente com cada um. Dê-lhes oportunidade de fazer perguntas sobre a organização e o papel que desempenham nela.
- Dê-lhes uma visão de como aquilo que estão fazendo se liga aos objetivos mais amplos da organização. Mostre-lhes como o serviço que executam ajuda você na direção daquilo que está tentando realizar.

## A arte de dar um presente sem ter de comprar uma "coisa"

Dar presentes, especialmente em relacionamentos de trabalho, está se tornando coisa do passado. Seja por um aniversário especial ligado ao tempo de serviço (por exemplo, completar cinco anos de trabalho na empresa), seja pelo aniversário da pessoa, seja para mostrar apreciação pela tarefa realizada, as empresas e organizações costumavam dar presentes para homenagear a equipe. Mas essa prática é menos comum do que costumava ser.

Existem várias razões para essa mudança:

- O número de regalos sem importância que recebemos no passado deu aos "presentes" uma conotação negativa.
- Normalmente não sabemos o que nossos colegas gostariam de ganhar.
- A maioria das pessoas não precisa de mais "coisas" (quem precisa de outra caneca de café?).
- Os presentes que seriam significativos para essas pessoas costumam ser mais caros e não estão dentro do nosso orçamento (ou no da empresa).
- Em razão de alguns abusos ocorridos no mercado de trabalho, existe um temor de ser acusado de usar os presentes como forma de chantagem ou influência indevida.

- A maioria de nós não tem tempo ou energia para fazer muitas compras.

Contudo, permanece o fato de que um bom número de colegas com quem trabalhamos ainda valoriza o recebimento de presentes como expressão de apreciação — pode até ser que essa seja a linguagem da valorização pessoal dessas pessoas. Sendo assim, como podemos satisfazer essas necessidades? Veja algumas ideias:

1. Se ainda não o fez, identifique aqueles membros da equipe para os quais *presentes* são a principal linguagem da valorização pessoal ou a secundária. (Nota: poucos tendem a ter *presentes* como sua linguagem principal, de modo que é importante analisar a linguagem secundária no quadro da equipe.) É comum as pessoas valorizarem os presentes (a não ser que esta seja sua linguagem menos significativa), mas normalmente elas tendem a valorizar mais as outras linguagens.

2. Com o passar do tempo, perceba quais são as atividades que seus colegas de trabalho gostam de realizar no tempo livre. Isso dará a você uma boa indicação de seus interesses. Verifique se eles gostam de assistir a competições esportivas (e para qual time torcem) ou se preferem artes, atividades ao ar livre ou talvez leitura. Também preste atenção (e até mesmo pergunte) aonde eles gostariam de ir para jantar ou comer alguma coisa.

3. Como destacamos no capítulo sobre a linguagem dos presentes, atualmente as pessoas tendem a valorizar mais as experiências do que as coisas. É comum que essas

experiências tenham pelo menos um pequeno custo financeiro associado a elas. Portanto, uma maneira fácil de dar um presente a um colega é providenciar (ou obter) fundos para realizar algo de que ele gostaria. A maioria de nós não se sente confortável em dar (ou receber) dinheiro, de modo que a melhor forma de fazer isso é o uso de vales-compra, ingressos ou cartões pré-pagos. Qualquer coisa — de livraria virtual a música pela internet, um dia num *spa* ou um ingresso para um jogo — seria apreciada, dependendo, é claro, dos interesses do presenteado.

Boas compras!

## O elogio pode ser um problema?

Comunicar valorização pessoal e encorajamento aos seus colegas pode ser um tiro pela culatra e criar mais problemas, como nas situações descritas a seguir:

*Quando um relacionamento é tenso.* Se existe algum relacionamento de trabalho que foi tenso no passado, tentar comunicar apreciação sem reconhecer as questões anteriores muito provavelmente fará com que a mensagem seja recebida com frieza.

*Quando as coisas andam rápido demais.* Às vezes, no curso normal de um dia de trabalho, temos conversas difíceis com nossos colegas. Podemos discordar de uma decisão ou precisamos confrontar alguém por sua falta de comprometimento. Embora seja apropriado ter essas conversas, movimentar-se rápido demais para tentar expressar apreciação por seu colega parecerá estranho e incoerente.

*Quando você muda muito rapidamente.* Numa tentativa de responder positivamente à instrução, alguns indivíduos podem tentar mudar seu comportamento de maneira abrupta. Veja um exemplo. Um supervisor antes reservado e distante pode ser encorajado a ser mais expansivo e, de repente, tornar-se efusivo com os elogios — a ponto de a equipe não reconhecê-lo mais.

*Quando você diz coisas diferentes em cenários diferentes.* Se você der uma tremenda bronca num funcionário durante uma conversa particular e, depois, elogiá-lo na frente dos outros, pode dar a aparência de que é uma pessoa de "duas caras" ou que está tentando impressionar os outros, especialmente se a mensagem for entregue na frente de superiores.

*Quando suas palavras dizem uma coisa e suas expressões dizem outra.* É mais ou menos como na situação em que uma criança é forçada a dizer "Sinto muito", mas seu tom de voz, falta de contato visual e expressão irada não convencem de que ela está sendo sincera. Expressar apreciação quando não se demonstra ser apreciativo será entendido como falta de sinceridade.

*Quando o funcionário que você valoriza foi prejudicado por outras pessoas.* Infelizmente, não são poucas as pessoas que tiveram dificuldades na vida — cresceram em famílias problemáticas, experimentaram relacionamentos abusivos ou foram maltratadas por empregadores anteriores. Pessoas nessa situação costumam ser autoprotetoras e desconfiadas: veem qualquer ação alheia positiva como uma tentativa de tirar vantagem delas.

*Quando a mensagem de valorização pessoal é transmitida logo depois de dispensas ou redução de salários.* Quando uma empresa ou organização precisa fazer um corte por conta de dificuldades financeiras, ou se os salários tiveram de ser reduzidos, esforços de encorajamento ou manifestações de entusiasmo serão inúteis. Os funcionários estão feridos, ansiosos e temerosos do futuro, e podem estar lamentando a saída de colegas próximos. Se um supervisor tentar ser abertamente positivo no meio de um momento difícil, ele poderá ser visto tanto como insensível e grosso quanto como falso e artificial.

### COMO EVITAR ESSAS ARMADILHAS?

1. *Analise suas motivações.* Tente comunicar apenas a apreciação que for autêntica e sincera.

2. *Esteja ciente do contexto.* Embora expressar apreciação ou encorajamento normalmente seja benéfico, há momentos e cenários em que é melhor esperar.

3. *Verifique junto a um colega de confiança se sua atitude é conveniente.* Se estiver em dúvida — com relação ao momento, à mensagem ou à maneira como ela será recebida — primeiramente entre em contato com uma pessoa que o conheça bem, que entenda a situação e que possa lhe fornecer informação honesta. Talvez ela consiga lhe dar algumas dicas sobre como ou quando seria melhor compartilhar sua mensagem.

4. *Se estiver em dúvida, espere.* Quase sempre vale a pena aguardar para avaliar uma situação e garantir que a mensagem será bem recebida. Uma mensagem atrasada, porém bem comunicada e bem recebida, é muito melhor do que uma mensagem apressada que erra o alvo.

## Por que sua menos significativa linguagem da valorização pessoal pode ter grande efeito sobre sua carreira

Um bom gerente dá atenção às necessidades dos membros de sua equipe. De modo geral, estamos em maior sintonia com aqueles que são semelhantes a nós; por conta disso, é obviamente mais fácil comunicarmos apreciação e encorajamento àqueles cujas linguagens principal e secundária sejam similares às nossas.

Como resultado, porém, existe menor probabilidade de nos comunicarmos de maneira eficiente na linguagem que nos é *menos* importante, e isso pode ter consequências desafiadoras para o gerente.

Essa linguagem não flui naturalmente de nós. É maior a chance de não percebermos as dicas sutis enviadas por colegas que a valorizam. Assim, corremos o risco de não encorajar nem mostrar apreciação a tais indivíduos por meio de atitudes que sejam importantes para eles. Nossa maior probabilidade é comunicar em nossas próprias linguagens de preferência, mas elas não são tão significativas para eles.

Com o passar do tempo, aqueles colegas se sentirão desvalorizados. Ficaremos frustrados porque tentamos mostrar apreciação, mas erramos o alvo. Por fim, o desempenho daqueles funcionários diminuirá, a comunicação negativa entre a equipe aumentará, e podemos até mesmo perder membros valiosos do grupo.

Felizmente, existem ações que podem reverter esse processo:

1. Reconheça que sua linguagem da valorização pessoal menos significativa não é assim tão importante para você, e que ela é um possível calcanhar de aquiles para seu relacionamento com outras pessoas.

2. Identifique aqueles colegas para quem a sua linguagem menos significativa é a linguagem primária ou secundária.

3. Faça uma lista de ações específicas que sejam importantes para cada membro da equipe (por exemplo, *palavras de afirmação*). Tenha a lista sempre à mão durante todo o dia.

4. Crie uma lista de ações, com o respectivo período de tempo necessário, para que você aja de maneira particular com aqueles funcionários (por exemplo, agende um compromisso semanal). Se não fizer isso, você se esquecerá de fazer alguma coisa na linguagem daquela pessoa!

5. Converse ocasionalmente com os funcionários para verificar se eles estão se sentindo apoiados e se existem maneiras melhores por meio das quais você possa mostrar-lhes sua apreciação. (Lembre-se: essa é uma área de crescimento para você.)

### RESUMO

É desnecessário dizer que supervisores e gerentes que têm funcionários cujo desempenho não está de acordo com seu potencial, empregados que criam um ambiente de trabalho negativo e que saem da empresa descontentes normalmente não serão tão bem-sucedidos como aqueles que têm equipes funcionando bem, com alta produtividade e membros que permanecem por longos períodos. *É importante para você e para sua carreira* que você preste atenção à sua linguagem da valorização pessoal menos significativa e como ela causa impacto nos relacionamentos com seus colegas. Ao dar alguns passos proativos, você pode de fato usar esse ponto cego para seu benefício, a fim de crescer e se transformar num gerente mais eficaz.

## Como reconhecer e lidar com o "fator esquisitice"?

**P.** O que é o "fator esquisitice"?

**R.** Trata-se de uma reação comum quando as linguagens da valorização pessoal são apresentadas pela primeira vez e as equipes começam a colocar seus conceitos em prática.

**P.** Quais são os sinais mais comuns que indicam que a pessoa está se sentindo "estranha" em relação ao processo de apreciação?

**R.** Medo. Este é o sintoma mais comumente associado ao fator estranheza. Medo de que os outros pensem que você está comunicando apreciação "simplesmente porque é isso que deve ser feito". Medo de que as pessoas pensem que sua comunicação não é autêntica ou sincera. Medo de que seu encorajamento não atinja o objetivo ou que não seja recebido positivamente. O segundo aspecto mais comum do fator estranheza é o constrangimento. Estamos pedindo que as pessoas tentem algo novo, e elas quase sempre não se sentem à vontade quando estão tentando desenvolver um novo comportamento.

**P.** Por que isso acontece?

**R.** A maioria das pessoas quer ser vista positivamente pelos demais. Não gostamos que os outros questionem nossa motivação, de modo que nossa tendência é esperar para fazer algo até que sintamos que os outros acreditam que estamos fazendo aquilo pela razão correta. Segundo, não queremos nos envergonhar ao fazer algo com que nos sintamos desconfortáveis. Diante disso, esperamos até que aquilo "pareça mais natural" — o que raramente acontece sem que se pratique.

**P.** O que pode ser feito para reduzir a "estranheza" que as pessoas venham a experimentar?

**R.** Reconhecê-la. Basta dizer: "Tudo bem, estamos estranhando um pouco isso tudo". Depois, comece — esperar não faz com que a estranheza desapareça. É comum incentivarmos as pessoas a usar frases introdutórias, como: "Sei que você pode pensar que só estou fazendo isso por causa do projeto da valorização pessoal, mas acho realmente importante quando você...". Depois de certo tempo, os funcionários se darão conta de que todos os participantes do treinamento estão tentando novas ações ao se relacionar com os outros, e isso se torna a regra.

**P.** Há alguma outra coisa que deveríamos saber sobre o "fator esquisitice" e o que fazer em relação a ele?

**R.** Relaxe e não se preocupe com ele. Vá em frente e aja — faça alguma coisa para aplicar os conceitos da valorização pessoal em seus relacionamentos. Praticar o modelo diariamente realmente faz a estranheza desaparecer mais rápido (é a repetição, não o tempo, que faz diminuir nosso medo). Por fim, dê aos seus colegas o benefício da dúvida: presuma que eles são bem-intencionados e sinceros.

É preciso ter alguma coragem para comunicar apreciação num ambiente de trabalho no qual essa não tem sido a prática. Então, agradeça a todos pelo esforço.

## O mito de que homens de verdade não precisam de encorajamento

Às vezes, escutamos alguém com quem trabalhamos dizer coisas assim: "Não preciso ser encorajado" ou "Não preciso que ninguém me diga 'você está fazendo um bom trabalho'. Sou automotivado. Outros talvez tenham necessidade de se sentir apreciados, mas eu não".

Contudo, ao investigar mais a fundo esses tipos independentes (e eles normalmente são homens), descobrimos que têm uma noção muito pobre do que seja encorajamento ou apreciação. O que eles normalmente querem dizer é: "Receber elogio verbal das outras pessoas não é tão importante para mim" (o que pode ser verdadeiro). Muitas pessoas aprenderam a se automotivar em vez de procurar encorajamento e apoio dos outros, e isso não é um problema.

Mas vamos colocar a questão de uma maneira um pouco diferente. Primeiro, devemos reconhecer que o trabalho, por sua própria natureza, é difícil, especialmente em longo prazo. O trabalho seria mais fácil se fosse apenas isto: a realização de uma tarefa. Mas a realidade é que existem vários tipos de desafios e obstáculos que fazem com que a realização do nosso trabalho seja muito mais difícil. A lista a seguir aponta alguns contratempos que surgem durante nosso dia de trabalho:

- Problemas com o computador.
- Serviço de outras pessoas que não é realizado no prazo ou de forma correta.
- Perda de clientes para os concorrentes.
- Pagamentos atrasados.
- Dificuldades financeiras (contribuições que não chegam, empréstimos que não são aprovados).
- Problemas com a liderança, saída de funcionários.
- Questões pessoais ou familiares, problemas de saúde.
- Problemas de transporte (congestionamentos, atraso de voos).
- Perda de correspondências ou de mensagens eletrônicas.
- Problemas de funcionamento da copiadora ou da impressora.
- Falta de materiais necessários para o trabalho.
- Adiamento de reuniões importantes.
- Mudanças realizadas pela liderança da organização.
- Dificuldades econômicas que causam impacto negativo nas vendas ou nas contribuições.
- Aumento do trabalho, provocado por mudanças na legislação.

Todos nós experimentamos um ou mais desses desafios todas as semanas. São essas coisas que nos desgastam e dificultam nosso trabalho.

Ora, ainda que existam indivíduos que não necessitam de muita afirmação verbal, se também tirarmos todos os vários tipos de recompensas que são intrínsecas à realização do trabalho, a realidade se torna evidente. Todos nós precisamos de encorajamento para seguir em frente — a única questão é que ele vem em formas diferentes. Considere os seguintes benefícios que podemos experimentar por realizar bem nossas tarefas:

- Senso pessoal de bem-estar quando a tarefa é concluída.
- Indicação de novos negócios feita por clientes antigos.
- Ampliação de nossas habilidades e experiências.
- Oportunidade de aprender como fazer as tarefas de maneira melhor (às vezes, através dos erros que cometemos).
- Compensação financeira (pagamento por bens e serviços).
- Obtenção de lucros.
- Apreciação por parte dos consumidores e dos clientes.
- Elogios vindos de colegas, fornecedores, clientes, concorrentes, parceiros de negócios.
- Sugestões de novos e melhores bens ou serviços a serem fornecidos.
- Reputação positiva na comunidade.
- Reconhecimento da parte de seus pares (organizações profissionais, associações de comércio, prêmios de organizações cívicas).
- Publicidade na mídia local ou regional (jornais, publicações especializadas, televisão).
- Habilidade de aumentar o empreendimento.
- Venda de produtos de qualidade ou prestação de serviços de alto nível.
- Novos contatos solicitando reuniões de negócios.

- Comentários e elogios verbais daqueles com quem você trabalha.

Esses são os fatos. Tome as circunstâncias da primeira lista, desconsiderando todas as recompensas positivas da segunda lista e diga honestamente a si mesmo que, durante um longo período de tempo, você não se desgastará nem desanimará. O trabalho exige tempo e energia mental e física, além de esforço emocional. Se não houver um pouco de comentários positivos, nós nos desgastamos.

Todos nós precisamos de encorajamento — só que de maneiras diferentes. Portanto, não se deixe enganar nem ser iludido pelos durões que dizem que "homens de verdade não precisam de encorajamento". Pode ser apenas que eles não precisem ouvir isso verbalmente tanto quanto as outras pessoas. Mas descubra qual é a verdadeira linguagem da valorização pessoal desses durões. Em algum momento, eles também vão precisar de alguém incentivo.

## Como recompensar seus funcionários sem ter de gastar muito

Um dos grandes desafios com os quais empresas e organizações de qualquer tipo precisam lidar hoje é a falta de recursos financeiros. Estamos em um mundo novo, onde os lucros são pequenos nas empresas, as contribuições diminuíram nas organizações sem fins lucrativos e os orçamentos foram reduzidos nas repartições públicas. Praticamente todas as organizações precisam fazer mais com menos. Isso está criando uma enorme quantidade de estresse no ambiente profissional, tanto para gerentes e supervisores como para os profissionais de destaque e até mesmo os voluntários. Há menos recursos disponíveis para aumentos salariais, bônus, benefícios que eram comuns no passado (como o uso de um carro da empresa, ingressos para eventos esportivos) e até mesmo para festas corporativas.

Ao mesmo tempo, os empregados estão lidando com a perda de pessoal em seus departamentos, de modo que a carga de trabalho tem aumentado. E o orçamento para treinamento ou atualizações técnicas foi cortado. Os recursos são escassos em todo lugar. Mais demanda somada a recursos menores resulta numa combinação perfeita para o estresse. E o estresse de longo prazo leva ao esgotamento e ao desânimo.

## COMUNICAÇÃO SIGNIFICATIVA
## DE VALORIZAÇÃO PESSOAL

Temos aqui o que as pesquisas mostram ser maneiras eficazes de comunicar apreciação e encorajamento aos funcionários *sem ter de gastar muito dinheiro:*

1. *Certifique-se de que você se comunica em nível pessoal e de forma apropriada ao indivíduo.* A chave para a apreciação e o encorajamento eficientes é a percepção, por parte do destinatário, de que você falou sério e que separou um tempo para pensar nele como indivíduo. Em contrapartida, descobrimos que uma mensagem global, que diz "Agradeço pelo trabalho realizado" para uma ampla gama de pessoas por toda a empresa, na verdade gera uma reação negativa da maioria dos funcionários, dada a natureza impessoal dessa mensagem e a percepção de que ela não exigiu nenhum esforço para ser transmitida.

2. *Fale a linguagem da pessoa que você está tentando encorajar.* Se a ação que realizamos para comunicar apreço aos nossos colegas não for tão importante para eles, então desperdiçamos nosso tempo e nossos esforços. É por isso que desenvolvemos o Inventário de Motivação através da Valorização Pessoal: para identificar a linguagem da valorização pessoal preferida de todos os funcionários e para especificar quais ações são mais valorizadas por eles.

3. *As linguagens da valorização pessoal que as pessoas mais apreciam não precisam custar muito dinheiro.* É claro que quase todo mundo gostaria de receber um bônus ou um aumento, mas para a maioria das organizações isso não é possível. Para recapitular, a maneira pela qual a

*Kit* de Ferramentas da Valorização Pessoal **269**

maior parte das pessoas experimenta a apreciação no ambiente de trabalho se encaixa em cinco categorias:

- Palavras de afirmação
- Tempo de qualidade
- Atos de serviço
- Presentes
- Toque físico apropriado

A maioria desses itens não custa nada em termos financeiros (nem mesmo os presentes precisam custar muito). Alguns exemplos:

- Um bilhete do seu supervisor cumprimentando você por um bom trabalho realizado.
- Um colega de trabalho que passa alguns minutos em sua sala apenas para bater papo.
- Um colega que percebe que você está "atolado" de trabalho e o ajuda.
- Um vale-compras que você recebe como recompensa por completar um grande projeto.
- Funcionários que se cumprimentam depois de concluírem uma apresentação importante.

Nada disso custa muito dinheiro. Mas o segredo é ser capaz de usar a ação correta com a pessoa correta, no tempo correto e com um espírito genuíno de apreciação. Dessa forma suas ações acertarão o "alvo" e serão eficientes para encorajar aqueles com quem você trabalha.

## As dez maneiras mais fáceis de demonstrar valorização pessoal a quase todo mundo

1. *Faça um elogio verbal.* Diga "Obrigado por..."; "Fico feliz por você fazer parte desta equipe".
2. *Escreva um e-mail.* "Quero que você saiba que..."; "Você me ajudou muito quando...".
3. *Passe pela mesa do seu colega para saber se está tudo bem com ele.* Gaste alguns instantes apenas batendo papo e perguntando como ele está.
4. *Faça alguma coisa com seus colegas.* Tenham alguma refeição juntos, por exemplo.
5. *Realize uma pequena tarefa para alguém de forma espontânea.* Segure a porta, ofereça-se para carregar alguma coisa.
6. *Vá até o local de trabalho da pessoa e pergunte se ela precisa de ajuda para terminar alguma coisa.*
7. *Pague-lhe um café, um refrigerante, um lanche ou uma sobremesa.*
8. *Dê de presente uma revista relacionada a uma área de interesse da pessoa.* Revistas sobre esporte, *hobbies*, um lugar que ela gostaria de visitar.
9. *Cumprimentem-se depois de completarem uma tarefa.* Especialmente quando a tarefa tiver sido desafiadora ou na qual tenham trabalhado por um longo período.

10. *Cumprimente seu colega de trabalho de maneira efusiva.* Diga algo como: "Que bom ver você!" ou "Como vão as coisas?".

# Inventário de Motivação
## através da Valorização Pessoal

Pesquisas demonstraram que as pessoas são motivadas e encorajadas de diversas maneiras. Nos relacionamentos pessoais, indivíduos dão e recebem apreciação uns dos outros em cinco padrões básicos de comportamento: palavras de afirmação, atos de serviço, presentes, tempo de qualidade e toque físico.

Este inventário é planejado de modo a se obter um retrato claro da principal linguagem da valorização pessoal e motivação relacionada ao ambiente de trabalho. É importante notar que a linguagem preferida de uma pessoa para receber apreciação num relacionamento pessoal (ou seja, família ou amigos) pode ser diferente do modo como a pessoa se sente encorajada no ambiente de trabalho. Verificou-se que uma das linguagens (toque físico), importante nos relacionamentos pessoais, não é significativa nos relacionamentos de trabalho. Como resultado, a linguagem do toque físico não está incluída neste questionário.

## Preenchimento

Em cada conjunto de declarações, dê uma nota de importância (1 = maior valor, 4 = menor valor). Em alguns casos, você pode considerar que duas declarações são igualmente importantes. Tente priorizá-las e não repetir notas em itens diferentes.

| Nota | | |
|---|---|---|
| | Sinto-me apreciado quando alguém me dá atenção total. | %1 |
| | Sinto-me apreciado quando outras pessoas me ajudam com o trabalho ou com projetos. | &1 |
| | Sinto-me apreciado quando me dizem quanto meu trabalho foi valorizado. | *1 |
| | Sinto-me apreciado quando recebo presentes por um trabalho bem realizado. | #1 |

| Nota | | |
|---|---|---|
| | Se estou tendo um dia difícil, sinto-me encorajado quando alguém me elogia. | *2 |
| | Se estou tendo um dia difícil, sinto-me encorajado quando alguém escuta minhas preocupações. | %2 |
| | Se estou tendo um dia difícil, sinto-me encorajado quando recebo um pequeno presente de um colega. | #2 |
| | Se estou tendo um dia difícil, sinto-me encorajado quando outras pessoas me ajudam a concluir uma tarefa. | &2 |

| Nota | |
|---|---|
| Sinto-me importante quando pessoas separam tempo e dedicam esforço para me comprar um presente. | #3 |
| Sinto-me importante quando alguém me diz quanto aprecia o trabalho que realizo. | *3 |
| Sinto-me importante quando as pessoas à minha volta me ajudam com as tarefas que precisam ser realizadas. | &3 |
| Sinto-me importante quando meus colegas decidem passar um tempo comigo. | %3 |

| Nota | |
|---|---|
| Se não me percebo apreciado por aqueles que estão ao meu redor, sinto-me melhor quando alguém me ajuda a terminar uma tarefa. | &4 |
| Se não me percebo apreciado por aqueles que estão ao meu redor, sinto-me melhor quando recebo um pequeno presente (um cartão bem-humorado, uma sobremesa). | #4 |
| Se não me percebo apreciado por aqueles que estão ao meu redor, sinto-me melhor quando passo algum tempo com uma pessoa importante para mim. | %4 |
| Se não me percebo apreciado por aqueles que estão ao meu redor, sinto-me melhor quando sou elogiado pelo trabalho que faço. | *4 |

| Nota | |
|---|---|
| Sinto-me valorizado quando outras pessoas trabalham comigo para finalizar algum projeto. | &5 |
| Sinto-me valorizado quando recebo um presente de um amigo ou de um colega de trabalho. | #5 |
| Sinto-me valorizado quando passo um tempo com uma pessoa que é importante para mim. | %5 |
| Sinto-me valorizado quando aqueles que trabalham comigo me dizem que estou realizando um bom trabalho. | *5 |

## Pontuação

1. Insira os valores numéricos de cada nota no quadro abaixo.

| | | | | | |
|---|---|---|---|---|---|
| %1 | %2 | %3 | %4 | %5 | Total para tempo de qualidade |
| | | | | | |
| &1 | &2 | &3 | &4 | &5 | Total para atos de serviço |
| | | | | | |
| *1 | *2 | *3 | *4 | *5 | Total para palavras de afirmação |
| | | | | | |
| #1 | #2 | #3 | #4 | #5 | Total para presentes |

2. Perceba que a MENOR pontuação é sua linguagem da valorização pessoal preferida (porque essa linguagem recebeu mais notas 1 e 2 por ser mais importante para você).

Anote aqui as linguagens em ordem de preferência, do MENOR para o MAIOR valor total.

- Linguagem nº 1:
- Linguagem nº 2:
- Linguagem nº 3:
- Linguagem nº 4:

A linguagem nº 1 é sua linguagem da valorização pessoal principal; a linguagem nº 2 é sua linguagem secundária, e a linguagem nº 4 é sua linguagem menos significativa. É possível que algumas pessoas marquem a mesma pontuação total para duas linguagens. De acordo com este questionário, isso apenas quer dizer que você valoriza essas linguagens igualmente. Você provavelmente verá que, em algumas situações (ou com algumas pessoas), você valoriza mais uma dessas linguagens e, em situações diferentes e com pessoas diferentes, a outra linguagem é mais importante para você.

3.Neste momento, é recomendável identificar ações específicas, dentro da sua linguagem principal, que sejam importantes para você. Isso vai ajudar seus colegas de trabalho a comunicar-lhe apreciação e encorajamento de modo mais preciso. Leia o capítulo referente à sua linguagem principal para obter exemplos de possíveis ações e sinta-se à vontade para criar suas próprias ações. Você, melhor que ninguém, sabe o que o encoraja e motiva!

• Linguagem principal da valorização pessoal:

_____

_____

• Lista de ações importantes para mim:

_____

_____

_____

_____

# Notas

### INTRODUÇÃO
[1] Mike ROBBINS, *Focus on the Good Stuff: The Power of Appreciation.*

### CAPÍTULO 1
[1] Jan WATSON e Christine LAPOINTE, "Motivation through Recognition & Reward", p. 29-30.
[2] Esgotamento físico e mental resultante de estresse prolongado no ambiente de trabalho. (N. do T.)

### CAPÍTULO 2
[1] Geração nascida nos Estados Unidos (e nos países aliados) nos vinte anos seguintes ao término da Segunda Guerra Mundial e reconhecida por transformar as relações culturais e sociais de seu tempo. (N. do T.)
[2] Leigh BRANHAM, *The 7 Hidden Reasons Employees Leave: How to Recognize the Subtle Signs and Act before It's Too Late.*
[3] Um relatório, em inglês, acerca da questão aplicada aos entrevistados por ocasião dessa pesquisa está disponível em: <http://hr.ffas.usda.gov/Internet/FSA_File/q4.doc>. Acesso em: 20 de dez. de 2011.

4 Subhasn C. KUNDU e Jay A. VORA, "Creating a Talented Workforce for Delivering Service Quality", p. 40-51.

5 John R. DARLING e Michael J. KEEFFE, "Entrepreneurial Leadership Strategies and Values: Keys to Operational Excellence", p. 41-54.

6 Fred LUTHANS, Kyle W. LUTHANS, Richard M. HODGETTS e Brett C. LUTHANS, "Positive Approach to Leadership (PAL) Implications for Today's Organizations", p. 3-20.

7 Paul E. SPECTOR, *Job Satisfaction: Application, Assessment, Causes, and Consequences*; Gary P. LATHAM, (ed.), *Work Motivation: History, Theory, Research, and Practice*.

8 Sami M. ABBASI e Kenneth W. HOLLMAN, "Turnover: The Real Bottom Line", p. 29.

9 Jac FITZ-ENG, "It's Costly to Lose Good Employees", p. 50.

10 Thomas OH, "Employee Retention: Managing Your Turnover Drivers", p. 12.

11 Gary E. WEISS e Sean A. LINCOLN, "Departing Employee Can Be Nightmare", p. 1.

12 Rudy KARSAN, "Calculating the Cost of Turnover", p. 33-36.

13 Brian S. YOUNG, Stephen WORCHEL e David J. WOEHR, "Organizational Commitment among Public Service Employees", p. 339-348.

14 Jeffrey PFEFFER, *The Human Equation: Building Profits by Putting People First*.

15 Visite <http://www.appreciationatwork.com/resources> (em inglês) para obter mais informações sobre recursos e consultorias disponíveis.

## CAPÍTULO 7

1 Robert T. GOLEMBIEWSKI, *Handbook of Organizational Consultation*.

[2] Jonathan LEVAV e Jennifer J. ARGO, "Physical Contact and Financial Risk Taking".

## CAPÍTULO 11

[1] Nona MOMENI, "The Relation between Managers' Emotional Intelligence and the Organizational Climate They Create".
[2] Michael D. AKERS e Grover L. PORTER, "Your EQ Skills: Got What it Takes? So You Thought the CPA Exam Was Your Last Test? Read On", p. 65-66.

## CAPÍTULO 12

[1] John WILSON, "Volunteering", p. 215-240.

## CAPÍTULO 14

[1] Richard S. ALLEN e Marilyn M. HELMS, "Employee Perceptions of the Relationship between Strategy, Rewards and Organizational Performance".

# Bibliografia

ABBASI, Sami M. e HOLLMAN, Kenneth W. "Turnover: The Real Bottom Line", *Public Personnel Management*, 2000.

AKERS, Michael D. e PORTER, Grover L. "Your EQ Skills: Got What it Takes? So You Thought the CPA Exam Was Your Last Test? Read On", *Journal of Accountancy*, n.º 195, 2003.

ALLEN, Richard S. e HELMS, Marilyn M. "Employee Perceptions of the Relationship between Strategy, Rewards and Organizational Performance", *Journal of Business Strategies*, n.º 1, 2002.

BRANHAM, Leigh. *The 7 Hidden Reasons Employees Leave: How to Recognize the Subtle Signs and Act before It's Too Late*. New York: Amacom, 2005.

BUCKINGHAM, Marcus e CLIFTON, Donald O. *Now, Discover Your Strengths*. New York: Free Press, 2001. [Publicado no Brasil como *Descubra seus pontos fortes*. Rio de Janeiro: Sextante, 2008.]

CHAPMAN, Gary. *As cinco linguagens do amor*. São Paulo: Mundo Cristão, 1997.

_____. *As cinco linguagens do amor dos adolescentes*. São Paulo: Mundo Cristão, 2002.

_____. *As cinco linguagens do amor dos solteiros*. São Paulo: Mundo Cristão, 2005.

_____ e CAMPBELL, Ross. *As cinco linguagens do amor das crianças*. São Paulo: Mundo Cristão, 1999.

_____ e THOMAS, Jennifer. *As cinco linguagens do perdão*. São Paulo: Mundo Cristão, 2005.

COVEY, Stephen R. *The 7 Habits of Highly Effective People*. New York: Free Press, 1989. [Publicado no Brasil como *Os 7 hábitos das pessoas altamente eficazes*. Rio de Janeiro: Best Seller, 2005.]

COVEY, Stephen R., MERRILL, A. Roger e MERRILL, Rebecca R. *First Things First*. New York: Fireside, 1994. [Publicado no Brasil como *Primeiro o mais importante*. Rio de Janeiro: Campus, 2003.]

DARLING, John R. e KEEFFE, Michael J. "Entrepreneurial Leadership Strategies and Values: Keys to Operational Excellence", *Journal of Small Business and Entrepreneurship*, n.º 20, 2007.

ELTON, Chester e GOSTICK, Adrian. *The Carrot Principle*. New York: Simon & Schuster, 2007. [Publicado no Brasil como *O princípio do reconhecimento*. Rio de Janeiro: Campus, 2009.]

FITZ-ENG, Jac. "It's Costly to Lose Good Employees", *Workforce*, ago. de 1997.

FRIEDMAN, Thomas L. *The World is Flat*. London: Penguin, 2007. [Publicado no Brasil como *O mundo é plano*. Rio de Janeiro: Objetiva, 2009.]

GOLEMBIEWSKI, Robert T. *Handbook of Organizational Consultation*. 2ª ed. New York: Marcel Dekker, 2000.

JOHNSON, Robert Roy. "Supervising with Emotion", *Law & Order*, v. 55, n.º 2, 2007.

KARSAN, Rudy. "Calculating the Cost of Turnover", *Employment Relations Today*, n.º 34, 2007.

KUNDU, Subhasn C. e VORA, Jay A. "Creating a Talented Workforce for Delivering Service Quality", *Human Resource Planning*, v. 27, n.º 2, 2004.

LATHAM, Gary P. (ed.), *Work Motivation: History, Theory, Research, and Practice*. Thousand Oaks: Sage Publications, 2007

LEVAV, Jonathan e ARGO, Jennifer J. "Physical Contact and Financial Risk Taking", *Psychological Science*, v. 21, n.º 6, jun. de 2010.

LUTHANS, Fred, "Positive Approach to Leadership (PAL) Implications for Today's Organizations", *Journal of Leadership Studies*, n.º 8, 2001.

MOMENI, Nona. "The Relation between Managers' Emotional Intelligence and the Organizational Climate They Create", *Public Personnel Management*, n.º 38, 2009.

OH, Thomas. "Employee Retention: Managing Your Turnover Drivers", *HR Focus*, v. 73, n.º 3, mar. de 1996.

PFEFFER, Jeffrey. *The Human Equation: Building Profits by Putting People First*. Boston: Harvard Business School, 1998.

ROBBINS, Mike. *Focus on the Good Stuff: The Power of Appreciation*. San Francisco: Jossey-Bass, 2000.

SPECTOR, Paul E. *Job Satisfaction: Application, Assessment, Causes, and Consequences*. Thousand Oaks: Sage Publications, 1997.

WATSON, Jan e LAPOINTE, Christine. "Motivation through Recognition & Reward", *Review of Ophthalmology*, n.º 12, 16 de mai. de 2005.

WEISS, Gary E. e LINCOLN, Sean A. "Departing Employee Can Be Nightmare", *Electronic News*, 16 de mar. de 1998.

WILSON, John. "Volunteering", *Annual Review of Sociology*, n.º 26, 2000.

YOUNG, Brian S., WORCHEL, Stephen e WOEHR, David J. "Organizational Commitment among Public Service Employees", *Public Personnel Management*, v. 27, n.º 3, 1998.

Compartilhe suas impressões de leitura escrevendo para:
opiniao-do-leitor@mundocristao.com.br
Acesse nosso *site*: www.mundocristao.com.br

|  |  |
|---|---|
| *Diagramação:* | Sonia Peticov |
| *Preparação:* | Luciana Chagas |
| *Revisão:* | Josemar de Souza Pinto |
| *Gráfica:* | Eskenazi |
| *Fonte:* | Constantia |
| *Papel:* | Pólen Natural 70 g/m² (miolo) |
|  | Cartão 250 g/m² (capa) |